你不該輸在情緒上

李世強 著

・上篇・ 瞭解情緒，就贏得人生

PART 1 讓陽光照進生活：快樂的人生源自每天的好情緒

PART 2 在我的地盤聽我的：有效控制不良情緒

PART 5 心境決定心情：訓練情緒，讓它更加理性化

・下篇・瞭解情緒，才能改變情緒

PART 6 低落時不妨笑一笑：放下負擔，放下憂鬱的情緒

PART 7 沒有抱怨，快樂才會常伴：身上充滿怨氣，生活會越來越幽怨

PART 8 沒有比較就沒有煩惱：別生活在別人的世界中

PART 9 想要的越多失去的越多：貪婪是個無底洞，永遠都是欲壑難填

PART 10 勇於嘗試才能邁向成功：戰勝懦弱，站上自己的人生巔峰

上篇

瞭解情緒，就贏得人生

PART 1

讓陽光照進生活
快樂的人生
源自每天的好情緒

- 心態樂觀了，周圍的一切都將美好起來
- 洗盡鉛華，感受心靈的寧靜
- 積極的心態像一股暖流，支撐你收穫理想的結局
- 換個角度看，每個風景都別樣絢爛
- 保持樂觀，別在黎明前的黑暗中倒下
- 先改變自己，很快就有轉機
- 將內心的情緒打掃乾淨，迎接新的陽光

心態樂觀了，周圍的一切都將美好起來

時光猶如一條長河，你總會記得它，它卻從不會想起你；時光也猶如一縷煙，你以為存在的時候，其實早已煙消雲散。春風秋雨，煙雨歲月，低頭翻閱書卷，總以為那些崇拜者的歲月離我很是遙遠，他們那艱辛的歲月是多麼涼薄難當，但指尖觸碰書卷，餘溫總是尚存。曾經的興衰榮辱已隨塵埃入土，曾經的滄桑歲月也並非你想像的慘不忍睹。若在流光歲月中懂得刪減，在風塵僕僕的年輪中學會用刀片消除斑駁的傷痕，你會發現，時光仍好，歲月未變。那些不堪回首，都不過是些紙老虎。

對於有的人來說，經歷過的苦是振作自己重新尋覓方向的力量，而對於有的人來說，則是令其心有餘悸的「魔鬼」，每當提及或者想起來，就感到沉重無比。

著名劇作家蕭伯納這樣說過：「對於害怕危險的人，這個世界上總是危險的。」而對於曾經的困難始終無法忘懷，總是心有餘悸的人，再經歷苦難也是不堪設想的事情，因此他們很容易畏縮不前，生命本身也就越來越脆弱，以至於最後步履維艱，難以向前邁進。

其實，那些曾經的苦難就像紙糊的老虎，表面上看起來嚇人，實際上一捅就破，沒什麼真本事。過去的事情，不管是好是壞，是順利還是坎坷，都不會再對我們的生活造成實質性的影響，很多人之所以受其影響，只不過是心理作怪罷了。

從這個角度來講，那些對於曾經的苦難感到心有餘悸，進而導致對現在乃至將來的生活充滿恐懼的人，其真正的敵人並不是苦難本身，而是自身。

看到這裡，如果你也感覺自己是被「紙老虎」嚇住的人群之一，那麼請你多往好處想想，多思考一些快樂的事，轉移自己的注意力，給自己積極的心理暗示，堅信未來會越來越好。當你的心態樂觀了，那麼周圍的一切就會變得美好起來。

我家社區的物業公司裡，有一個小女生，我們都叫她小管。小管在上班時，不管是面對同事還是業主，總是一副快樂的表情，幾乎看不到她唉聲歎氣的時候。

有一次我遇到她，開玩笑地問道：「小管，你每天都快快樂樂的，是不是一出生就過得很順利，從來沒有遇到過委屈事呀？」

誰知，小管微笑著回答說：「我從小就沒有父母，是個孤兒，哪有可能沒有委屈事呢。」

聽到這裡，我非常吃驚。完全想像不到她居然是個孤兒，更難得的是她在這樣的情況下，居然還能如此樂觀。

只聽小管繼續說：「我從小生活在孤兒院。六歲那年我第一次被人領養，可是不到一個月就被送走，因為那對夫婦的女兒不喜歡我。從六歲到十歲，我被轉送過三次，最後終於在一戶沒有子女的老夫婦家中安定下來。」

「還好，你安定下來了，不幸的日子結束了。」我安慰她道。

「是的，我的生活安定了。」小管仍然微笑著，眼睛裡卻湧現出一層薄霧，「可是，我變得很沒有安全感，害怕又一次被送走，害怕徹底被人遺棄。除此之外，我還害怕開車時撞車，害怕家裡突然著火，害怕我的養父母突然死去，總之每天都是緊張兮兮的。」

「怎麼會這樣，看你現在這麼樂觀，你是怎麼調整的？」我更加好奇。

「這都是因為我的丈夫。」小管眼睛亮了起來，「我的丈夫是我的大學同學，他是一個很理性、很樂觀的人。他對我說，不要讓過去的不幸和委屈影響現在的情緒，他還幫我分析，我所害怕的事情發生的概率非常小。為了讓我相信，他帶我去爬一座很陡峭的山，我很害怕會突然摔下去，他就一直鼓勵我，慢慢往上爬，一定不會出事的。最後，我果真順利爬到了山頂。諸如此類的事情還有很多，慢慢地，每發生一件事，我就會往好的那方面想。比如，我打不通我養父母的電話，就會認為他們是去外面玩了，而不再像以前那樣，想像他們遇到了什麼麻煩。」

「看來，你是完全從過去的不幸中走出來了。」

「差不多吧。我丈夫說得對，過去的不幸就是紙老虎，看著嚇人，可是輕輕一捅就破了。人活一世，誰都會遇到一些不幸，我不能讓已經過去的不幸影響我們今後的生活。」

小管是幸運的，在丈夫的幫助下，她順利地擺脫了曾經的苦難給自己心理造成的影響，讓自己過著積極、快樂的日子。

每一個被過去的苦難和傷痛所牽絆的人，都可以像小管這樣，用積極、正面的心態，取代消極、負面的情緒。我們要清楚地知道，大多數負面情緒不過是對曾經的苦難產生出來的想像，它就是一個「紙老虎」，用兇悍的假像掩蓋了一捅就破的實質。

心理專家告訴我們，要想邁過「紙老虎」這個關卡，就必須捨棄心中那些毫無緣由的幻想，擺脫它們對我們情緒的侵擾。同時我們還要認識到，曾經的苦難雖然讓人痛心，但對於我們來說也並非毫無意義可言，正如一位哲人所言：「人生本短，痛苦使之長耳。」他是在告訴人們，人生本來是短暫的，是痛苦使它延長，但通過跟苦難做鬥爭，卻可以延長和拓展它的內涵和廣度。換句話說，苦難讓人生變得豐富。

因此，與其讓痛苦成為我們心理上的負擔，不如正視它，讓它拓展我們生命的深度，幫助我們體會人生百態，豐富我們的生命。

洗盡鉛華，感受心靈的寧靜

多少人一世奔波，被時光追逐，卻忘記了，等到老去那一天，想要的，不過是簡衣素布、粗茶淡飯這樣寧靜的生活。

從二十世紀八十年代直到今天，有一本中國古代典籍在日本社會各階層廣泛流行，經久不衰，很多日本的企業家、政治家和學者，都將它作為立身處世的模範，以此來規範自己的行為和思想，這本影響深遠的典籍叫作《菜根譚》。

為何《菜根譚》會被日本各界奉為經典呢？因為隨著戰後經濟的復甦，人民的富足，日本人在越來越繁榮的社會現狀中迷失了自我，逐漸脫離了生活的真諦，老年人變得空虛，年輕人變得拜金，社會越富足，人反而愈來愈不幸福。在這種情況下，有些日本人就提倡返璞歸真的運動，在他們看來，想要獲得充實就要拋開雜念，明白真正的生活真諦，由此崇尚樸素的《菜根譚》就成了很多人的精神支柱。

在我們一般人的觀念中，樸素似乎和艱苦是一個意思，樸素的生活就是艱苦的生活，就是吃糠咽菜。但事實上，樸素和艱苦完全是兩碼事。艱苦是在非常差的環境下，過著不如意的生活；樸素是在不錯的環境中，堅持著生活的本質。

「朴」就是質樸，「素」就是簡單，質樸簡單不就是人的本色嗎？每一個人生下來的時候都是一樣赤裸裸。只不過，在成長的過程中，社會賦予了人不同的角色和地位，給予了人不等量的物質，這才使得每個人的生活不再一樣。而那些擁有更多物質的人，為了表現自己的優越，便開始崇尚奢華。

奢華的生活掩蓋的是人的本質，只有樸素的生活才能讓人們重新回歸，找回人的本質，重新獲取人生的意義。從古至今，凡成大事者，無不懂得享受儉樸的生活。樸素的生活，正是很多成功者能夠戰勝困難做出成績的原因！

我國著名的國學大師、學者、北大資深教授季羨林先生，就是一位衣著樸素、認真負責、與人為善的老人，很多人尊稱他為「布衣教授」。

是什麼決定了他一生的簡樸呢？

季羨林出生在山東省清平縣（現臨清市）康莊鎮官莊一個貧苦的農民家庭。小時候，家裡一年也吃不到幾次白麵，平常只能吃紅高粱麵餅；連買鹽的錢都沒有，只能把鹽地上的土掃起來，在鍋裡煮成鹹水，用來醃鹹菜。

四五歲時，季羨林就開始幫家裡幹活，早早體驗著生活的艱辛。在收割農作物的時候，他跟著鄰居到別人割過的地裡去撿麥子或者豆子、穀子，一天下來，可以撿到一小籃麥穗或者穀穗。有一次，季羨林撿到的麥穗比較多，母親把麥穗磨成麵粉，烤了一鍋麵餅。貪吃的季羨林越吃越想吃，吃完飯後又偷了一塊。母親看到了，追著要打他。季羨林連忙逃到房後，撲通一聲跳進水坑裡。母親捉不到他，他就站在水裡吃完了剩下的餅。

儘管家境貧寒，但季羨林的父親深知文化知識對於後代的重要性，他把六歲的季羨林送到濟南的叔叔家去上學。十五歲時，季羨林考入山東大學附屬高中。他勤奮好學，連續兩學期獲得甲等第一名。後來，季羨林考上了清華大學，之後又去德國留學，回國後任教於北大。雖然是留洋學者、北大教授，季羨林卻始終衣著簡樸。季羨林家裡的書桌和飯桌等都是用了幾十年的普通傢俱。他的飲食也十分簡單：早餐一杯牛奶、一塊麵包、一把炒花生米；午餐和晚餐則多以素菜為主。他每天都堅持看半小時的新聞，用的還是二十世紀七十年代末買的十九寸電視機。雖然生活上極其簡樸，他卻將一筆又一筆節省下來的薪水和稿費，慷慨地捐獻給家鄉的學校，捐獻給家鄉建衛生所。

孟子曰：「生於憂患，死於安樂。」童年時饑餓的記憶使季羨林養成了勤儉節約的習慣，而苦難的經歷又是他奮發的動力，這是他一生的財富，使他受益終身。

浩浩中華，上下五千年，禮義多以儉為德。千古良相諸葛亮曾這樣告誡自己的兒子：「夫君子之行，靜以修身，儉以養德。」表達了希望後代志存高遠的厚望，成為千百年來廣為傳誦的佳句。陸贄也曾說過：不節，則雖盈必竭；能節，則雖虛必盈。由此看來，節儉真是一條古老的修養之道。

古希臘人曾提倡四種美德，其中一條就是節儉。那麼，為什麼要節儉呢？中國古代就有一句名言：養心莫善於寡欲。它告訴我們，只有過一種粗茶淡飯、勤儉節約的淡泊生活，才是養心娛樂、陶冶性情最好的方法。因此，勤儉節約對修身養性有著至關重要的作用。

古語有訓：「儉以寡營可以立身，儉以善施可以濟人。」勤儉節約、互相幫助本來就是中國人的傳統美德，但是在現在這個「物欲横流」的社會它卻慢慢地被人們忘記了。為什麼我們總是覺得自己的世界很狹小？為什麼我們總是覺得自己很無助？我們從來沒有這樣問過自己。其實我們也從來都沒有檢討過自己，總認為自己所做的一切都是為了在這個「物欲橫流」的社會生存下來。所以我們寧願放棄自己所堅持的東西，被物質所支配。記住：儉可以養德，可以助人成就事業。

華人首富李嘉誠擁有巨額資產，但是他的生活似乎和他的資產並不對稱。他曾經說：「就我個人來說，衣食住行都非常簡樸、簡單，跟三四十年前根本就是一樣，沒有什麼分別。」

李嘉誠用餐經常是一菜一湯，或者兩菜一湯，飯後加一個水果。有時喜歡吃稀飯加鹹菜，或者咖啡、牛奶、麵包。他在公司總部宴會廳宴請客人，通常是連水果在內的八道菜，碗是小號的碗，分量都是有控制的。沒有大魚大肉，只令客人吃到恰好分量，不至於脹腹，也不至於不夠，力求做到不浪費。在公司裡，李嘉誠與職員一樣吃工作餐，他去巡察工地，工人吃的大眾盒飯，他也照樣吃得津津有味。

有誰敢說李嘉誠不富有呢？如此簡單、樸素的生活，在我們普通人看來哪裡像是一個千億富翁的生活，但他的生活切切實實如此。不僅如此，他還在這簡單樸素的生活中得到了旁人無法企及的簡單樸實的快樂。世上的人本是相同的，只因後天的分工不同，每個人擁有的生活不同。然而，這並不能阻擋一個人享受樸素的生活。貧民和億萬富豪都是可以過同一種樸素而又簡單的生活的。

其實生活本來就不是金錢所能衡量的，奢華的生活折射出了一部分人的心靈的空虛，正因為他們對自己的人生缺乏正確的認識，不知人生的意義，才會用物質妝點自己的生活。事實上，人有享受樸素生活方式的天性，因為只有樸素的生活方式才能讓人撕下偽裝的面具，洗盡鉛華，感受心靈的寧靜與大自然的空靈，獲得精神意義上的滿足。

積極的心態像一股暖流，支撐你收穫理想的結局

成功需要忍耐，而忍耐需要良好的心態。心理學上說，心態是指人們對外在事物做出現實反應的心理狀態，是一個人價值觀的直接體現。

當我們在生活中遇到順利、成功、獲得、挫折、失敗、損失等情況時，就會產生褒、貶、惜、怨、喜、怒、憂、悲等心理，這種心理也常常促使我們表現出喜、怒、憂、思、悲、恐、驚等情緒。

受外界因素刺激，人們的反應有時會走向偏激，出現諸如樂極生悲等心理失衡的心態。一旦產生心理失衡的狀態，人很可能會失去應有的理智，做出一些對自己或他人有害的事。因此，**我們要學會調整自己的心態，懂得控制自己的情緒，利用忍耐的調和作用，讓自己始終處於積極的狀態中。**

教授對九個人進行了一項實驗。對他們說：「全部聽我指揮，走過這座小橋，但是不能掉下去。如果掉下去的話也沒什麼，因為下面就是有點水而已。」

這九個人就開始過橋，很順利，全部通過。

教授這時打開了一盞燈，通過燈光他們看到橋底下不僅有一點水，而且還有鱷魚。九個人不禁暗自倒吸一口涼氣，也為自己沒有掉下去而感到幸運。教授這時問道：「你們這些人中還有誰敢走回來？」這次

沒人敢走了。

教授說：「你們就想像成自己是走在無比堅固的鐵橋上就行了。」經過再三誘導，終於有三個人願意嘗試一下。第一個人小心翼翼地走過了橋，看看時間，足足比上次多了一倍；第二個人膽戰心驚地走了一半就堅持不下去了，嚇得只好趴在橋上；第三個人沒走幾步就嚇得趴下了。

這時，教授把所有的燈都打開，大家這才看到，原來有一層網隔在橋和鱷魚之間，剛才因為燈光昏暗，所以沒看清楚。看到這樣的情形後，大多數人不怕了，於是都走了過來。只有一個人還是不敢走，教授問他原因時，這個人竟然擔心網會破掉。

這就是心態的魔力。同樣的小橋，同樣的人，幾次測試的結果卻截然不同。當被測試者對眼前的危險一無所知時，他們都可以順利通過，因為當時他們沒有任何一人會給自己不好的心理暗示。當他們意識到鱷魚的存在時，全部被嚇住了，產生了消極心態。

還有個故事揭示的原理是心態影響生理：

身為電器公司質檢員的凱雷，做事盡心盡力，但對人生過於悲觀是他最大的缺點，他很少用肯定的目光去看待世界。

一天，公司有一個慶祝活動，大家都提前下班。但不湊巧的是，凱雷因為一時大意把自己關在一台待售的冰櫃裡。凱雷狂呼救命，根本沒有人前來幫忙，直到他求救到筋疲力盡之時，無奈地哭泣了。此時，他心裡產生了一個恐怖的念頭：冰櫃裡那麼冷，他肯定會被凍死在這裡。最後，他用質檢單寫了一封簡單的遺書。

第二天，當大家打開那個冰櫃時，發現凱雷奄奄一息地躺在裡面，經過搶救也沒能挽回生命。在他的遺書中，大家發現他這樣寫道：「沒人救我了，我肯定會被凍死在這裡！」這句話讓大家感到為之一驚，因為冰櫃根本沒有插電，而且用點力就能把門推開。

哀莫大於心死，凱雷並非被凍死，而是在悲觀的心態中被嚇死了，他又有什麼理由能夠活下去呢？

我們每一個人都怕死，但最可怕的不是死亡，自己嚇自己才是最可怕的，它會拖垮你的忍耐和毅力，最終把自己推向死亡的深淵！不論多麼猙獰的東西，你想像它是可怕的，它便可怕；如果你不去在乎它，那麼它分毫不會影響到你。

在持續忍耐的過程中，多給自己說些鼓勵的話，如「快過去了」、「一切都會好起來的」……積極的心態就像一股暖流，讓你在痛苦的忍耐中獲得補給，支撐你收穫理想的結局。

換個角度看，每個風景都別樣絢爛

「橫看成嶺側成峰，遠近高低各不同」，這是我最喜歡的蘇軾的詞句，我雖沒有去過廬山，不曾識過它的真面目，但天南海北地遊蕩，讓我也攀登過很多大山，渡過很多的大海。在攀登很多高山時，我有過很多的感觸，同一樣事物，不同的角度會顯現不同的風景。

每次登山返回後，都有著很多感慨，也是思緒萬千。**我們內心的山，如果攀登的話，也是同樣的感覺，往這方面想可能會導致我們情緒低落，內心不快，往另一個角度看，就會積極樂觀，豁然開朗。**

由此可以判斷，我們對事物產生某種希望或者恐懼，是因為事物往往會以各種形式出現，從不顧及我們的感受，也不會迎合我們的願望。外部的環境容不得我們選擇，但是對外部環境的反應卻是可以由我們自己說了算。

面對一個問題、一件事情，我們抱著樂於接受現實的態度，努力地尋找它存在的益處。這樣，我們才能更好地接受現實，才能更好地換一種思維去思考問題，進而解決問題。

我認識一個做母親的女士，在她家裡做客時，聽到這樣一段母子對話。

母親教育兒子：「兒子，不要把辛苦看成辛苦，也不要把困難看成困難。」

「那把它們看成什麼呢？」兒子問。

「把它們看成你平時最愛玩的電子遊戲中那些怪獸。當它來的時候，你不要怕，你只需要用力地打它們，打敗它們！你甚至可以想：『噢，又有好玩的了。』你玩遊戲的時候，不是越大的怪獸越感到刺激好玩嗎？」

「如果我打不過它們，失敗了怎麼辦？」兒子問。

「那又有什麼關係呢？你平常玩遊戲時，失敗了不是會重新再玩一次嗎？」母親回答道。

這位母親是明智的，這個孩子是幸運的。現實中，並不是所有的母親都能給孩子這樣的教育。其實，正如這位母親的話語所傳達的：「失敗不可怕，可怕的是我們在心態上徹底輸了。」

我們為何不學著這位母親的思路，把眼下的辛苦和困難看成一場遊戲，這樣一想，我們便不會煩惱，不再鬱悶，不再傷心，而是再給自己重來一次的勇氣和機會。

可是，現實社會在這一問題上的表現不容樂觀，很多人常常會帶著一份厭惡感或同情心去看待一些問題。卻不知道，這樣就會無意間存留某些沒有經過檢驗的看法和觀點，認為事情本身就是一場無盡的災難，自己根本就沒有辦法改變。

既然如此，我們還是選擇前一種吧，做一個明智的人，用有益的方式對看似不好的事情做出一些恰到好處的反應。

我在旅遊時遇到過一位背包客，她是一個女作家，喜歡四處遊蕩，尋找靈感，希望能夠讓作品顯得與眾不同。

有一次，我們來到一個小山村體驗生活，夜裡在一對夫婦家借宿。女主人看到她一個女孩子來到這種偏僻地方，很同情她，說道：「你一個女孩子，這樣漫無目的地遊蕩，也太辛苦了吧。為什麼不好好找個安穩的工作呢？」

女作家聽後，微笑著說道：「我沒有覺得辛苦啊！這樣四處遊歷，每天都會遇到不同的人，看到不同的風景，我覺得很快樂。能夠這樣一直遊歷下去，就是我的夢想，我現在感覺很快樂！」

可以說，女作家是樂觀的，更是明智的，她懂得往事物好的一面去看。而那個女主人雖然是好心，但相對來講就顯得狹隘，只看到事情壞的一面。

其實，好與壞都帶有很強的主觀色彩，都是有限經驗的結果。可是，兩種看法會產生截然不同的結果，**悲觀的想法導致壞的結果，樂觀的思維帶來好的結局。**如果前者不能辯證地看事情，就不能走出誤區，也就無法擺脫過於強烈的個人色彩，那麼他的日子也是泥濘而灰暗的。後者由於懂得在不利的事情中看到事情中存在的優勢，能分辨出其存在的價值，就能好好地吸取教訓，使事情向著美好的方向發展。

看到這裡，該怎麼看待事物，該如何面對問題，各位讀者心裡已經有答案了吧。

保持樂觀，別在黎明前的黑暗中倒下

人間是一個繁華又蕭條的舞臺，我們每個人都是舞臺上的演員，演繹著各種不同的生活。我們既已來到人間，上了這個舞臺，為何不完成自己的使命，演好這台戲呢？只有義不容辭地走下去，才無愧於我們的人生。在演藝這齣戲時困難當頭又何妨，如果一切平淡無奇，豈不愧對這個舞臺。

每遇困境當頭，有的人抱有信心，並採取行動突破困境，有的人畏縮不前，對前景憂心忡忡。那麼到最後，哪一種人能屹立時代浪尖，成為眾人矚目的焦點呢？答案當然是前一種人。

不是有這樣一句話：「努力了不一定成功，但不努力一定不成功。」其實，面對困境的態度，同樣是考驗我們是否肯努力，是否在努力。

智者告訴我們：「人可以通過改變自己的心態去改變自己的人生。」換句話說，我們有什麼樣的心態，就會有什麼樣的心情，什麼樣的生活方式。只有擁有好的心態，才會有好的心情，有了好的心情，才會用心做好身邊的每一件事。

那麼，什麼叫好心態呢？簡單說來，就是正確認識人生、認識自己。要知道，生活是不可能按照我們的意願去進行的。生活有時候往往和我們所嚮往的事情背道而馳，但這就是生活。所以，好的心態就應該是不以自己為生活的座標，接受現實，改變自己。只有這樣，我們才能享受生活，感受幸福。

我的一個妹妹，在四年前畢業後，來到一家規模較大的地產公司工作。四年的時間裡，她從最開始的業務員做到了現在的業務經理，每個季度的業績都是全公司的前三名。

由於她出色的表現，深得老闆器重，同事們有難辦的客戶也都習慣求助於她，手下的員工們也尊重她，這使她的人氣很高。

在她看來，這個季度的區域經理人選非她莫屬了。她所在的公司人事升遷制度是內部升遷，按業績排名和綜合成績擇優挑選。也就是說，她現在的級別是業務經理，如果順利的話，按照她的業績，這個季度她就可以升任區域經理了。

因此，自從升遷的消息傳出來之後，她就感覺同事們都在有意奉承甚至是巴結她，她自己為此也有些得意揚揚，畢竟還不到三十歲，如果能做到區域經理，在這家公司還是破天荒的事。

很快，人事部讓她去領取業績考核單，並且讓她核實自己的個人資料。看來，馬上就要宣佈任職通知了。想到這裡，她不禁高興得心花怒放。

可是，沒想到的是，升任區域經理的居然是另一個人，大家都不明白為什麼理所當然升職的她落選了。得到這個消息後，她的情緒開始急轉直下，強烈的挫敗感讓她覺得難以在這家公司工作下去了。我雖然對她安慰開導了很久，但效果甚微。

看我的這個妹妹在工作方面是個很優秀的女子，可是就因為習慣了這種優秀，讓她難以接受出乎意料的挫敗。

可是，我們再想想，生活中這樣的事豈不是很常見嗎？很多事看上去是理所當然的，於是人們就理直氣壯地去主觀判斷、下結論，然後按照主觀的想法去行事。這樣做的結果往往是到最後出現出乎意料的情形，事情沒有按照自己的認識、意願和判斷去發展，甚至是朝著完全相反的方向發生的。這時候，大多數人無法坦然接受這樣的事實甚至是打擊，最後就影響了自己原本積極的心態。

其實，現實生活中從來沒有所謂的「想當然」的事情，每個人的人生都有很多路要走，但不管你走的是哪一條路徑，困難、艱苦與其他意想不到的局面都可能會出現，都不會以我們的意志為走向。

因此，我們不能對生活下定什麼結論，不能把自己置於一個安穩的想像環境下，更重要的是，也不必動輒改道或臨陣脫逃，**唯有堅持下去，才能建立起堅強的信心，獲得最後的勝利**。假如在一件事情上我們已經付出了很多努力，那麼即使遇到困境，即使暫時的結果和我們的想像和期待大相徑庭，我們也不應輕言放棄，也要坦然面對。只有這樣，我們才不會前功盡棄，才不會在黎明前的黑暗中倒下。

先改變自己，很快就有轉機

從看到第一朵花開時，我就開始欣賞暖春；從感受到第一滴雨水時，我就開始嬉戲於夏日；從手握第一片落葉時，我就開始閱讀深秋；從飄落第一場大雪時，我就開始融入寒冬。

大多數人都有討厭的天氣、討厭的時節。我卻喜歡感受它們，感受它們帶給大地的別樣色彩。

每當聽到變天後各種人的抱怨，我就很想告訴他們：你既然改變不了它，為何不去適應。想起南懷瑾的一句話：「過去歷史上的一些人物，也不錯啊！為什麼呢？他們有理想，有抱負，在尚未得志時，不妨在個性上將就別人一點，先取得他人的信任，肯與他合作以後，才慢慢引導他們走上大道：『先合作，然後引之大道。』也是一種處世的辦法！」

其實，南懷瑾所謂的「世路難行」以及「先合作，然後引之大道」，簡言之就是，我們周圍的環境是很難改變的，我們要生存，要使生命獲得價值，就要努力改變自己，適應環境。也可以說，是「先生存，後發展」。而南懷瑾就是這樣做的。

在抗日戰爭時期，南懷瑾曾經流落到四川。當時他為了找碗飯吃，就來到一家報社。剛進去，他就看到櫃檯後面坐著一位老人，便走過去請安，並問能否在這裡找到一份差事。那位老人上下將他打量了一番，問他是哪裡的人，不是日本人吧。在當時，中國人都極恨日本人或者漢奸。南懷瑾就急忙說道：「我是浙江人，逃難到此，就是想找一份能活命的差事。隨便什麼差事，哪怕是倒茶掃地都可以。」

這時候，報社裡面的一位老闆看到了他，伸出頭讓他進去。於是，南懷瑾又述說了一遍自己的狀況：初來此地，沒有親人投靠，沒有飯吃。老闆說：「那好，你來我這裡上班吧，我這裡缺一個清潔工，就是給我們掃地的。」南懷瑾立即答應了下來。

有一天，報社的老闆將他叫過去，對他說，看樣子你不像幹這種活的人，就問他會不會寫文章。南懷瑾也不敢妄自說話，便說自己學過一些「子曰詩雲」，老闆便出了一個題目，讓他寫篇文章來看看。老闆看了南懷瑾的文章之後特別滿意，立刻就讓他當了報刊的副編輯。

在當時，報社也就那幾個人，所謂的編輯，除了經常寫文章外，什麼雜事都要處理。不過，對於南懷瑾來說，多吃點苦根本不算什麼，只要自己有立足的地方，有碗飯吃，就知足了。

所謂「大丈夫能屈能伸」，南懷瑾早在當年就已經深諳了「彎曲」的處世哲學。為了解決自己的生存問題，他寧願放下文人的架子，從掃地做起，後來才贏得個人進一步的發展。

在現代社會中，更是需要這種「先適應，後改變」的曲線生存法則。隨著生活節奏的加快，越來越多的人開始不停地抱怨。工作丟了，怪主管沒眼光；人情冷漠，怪同事不友善；住房不好，交通不便，行業前景不佳……將自己的痛苦全部推給社會，總是苛求客觀因素的不如意，而自己完全像沒事人一樣，主觀上不去努力改變自己適應環境。這樣的人生，註定是失敗、消極的人生。

生活中難免有不如意之事。一切生活中的大小事都會成為你抱怨的藉口，倘若不去抱怨，你會發現，生活中的一切大小事都有解決的方法。在惡劣的處境下，絕對不會因為你的幾句抱怨就發生轉機，有時候可能還會讓自己處境更加糟糕。**遇事切勿一味地抱怨，要冷靜沉著，努力接受現狀，改變現狀，這樣才能消除心中的不滿。**

很久以前，在非洲的一個國家，人們都是不穿鞋，赤著腳走路的。國王有一次去一個偏僻的鄉下，但是那裡路面崎嶇，十分難走，很多細碎的石子深深地刺痛了這位國王的腳板。於是國王回到王宮之後，頒佈了一道命令，要把國內所有的道路都鋪上牛皮。他覺得只有這樣，自己的國民走在上面，才不會被崎嶇的路面刺到腳板，自己是做了一件利國利民的好事。

可是國王忘記了土地遼闊，這麼多道路，即便是把國內的牛全部殺光，也遠遠不夠鋪路所需的牛皮，而且花費的資金、人力、物力，更是難以想像。人們雖然知道國王頒佈了一道愚蠢又困難的旨令，卻沒有人敢違抗命令，所有的人都敢怒不敢言。但是，有一位聰明的大臣大膽地向國王提出了建議：「敬愛的國君！我們為什麼要花費這麼多金錢、人力、物力和資源呢？為何不用兩小塊牛皮包裹住腳，這樣也節省了很多資源呀！」國王聽了之後覺得非常有理，便收回成命，採納了這個建議，此後便有了「皮鞋」。

改變世界過於異想天開，但是我們可以改變自己。**如果你現在正處於艱難的環境中，或者你對現狀不滿，不要抱怨，改變一下自己的想法和心態，努力去適應，去面對，一定很快就有轉機。**古希臘的哲學家柏拉圖曾經向弟子們宣稱自己會移山術，這讓弟子們紛紛向柏拉圖請教方法。柏拉圖說道：「很簡單，山若不過來，我就過去。」其實，世間哪裡有什麼移山之術呢？柏拉圖是要向人們傳達一個哲理，當你無法改變你的現狀和你所處的環境時，就自我改變，和「山不過來，我便過去」同屬於一個道理。

最後，讓我們永遠記住在威斯敏斯特教堂地下室，英國聖公會主教的墓碑上，寫著這樣一段話：當我年輕自由的時候，我的想像力沒有任何局限，我夢想改變這個世界。當我漸漸成熟明智的時候，我發現這個世界是不可能改變的，於是我將眼光放得短淺些，那就只改變我的國家吧！

但是我的國家似乎也是我無法改變的。

當我到了遲暮之年，抱著最後一絲努力的希望，我決定只改變我的家庭、我親近的人。但是，唉！他們根本不接受改變。現在，在我臨終之際，我才突然意識到：如果起初我只改變自己，接著我就可以依次改變我的家人。然後，在他們的激發和鼓勵下，我也許就能改變我的國家。再接下來，誰又知道呢，也許我連整個世界都可以改變……

面對生活的環境，每個人都有不同的選擇，你可以屈服，這也是一種堅持；也可以強硬，但不一定能夠有所收穫。是改變環境，還是因環境而改變，往往就在你的一念之間。你的得失成敗也會因此發生變化。

人生路途，需要我們不斷適應變化多端的環境，**我們不能改變周圍的一切，但是我們可以改變自己。**如果我們不能及時在心態或者看法上改變，也不能及時反省和發現自我的缺點和不足，而是一味地苛求周圍的環境，或者試圖改變自己的際遇，實在是勞心傷神，毫無半點意義可言。所以在艱苦的環境中，**唯有自我改變，才能克服困難，改變現狀，戰勝挫折，實現夢想。**

將內心的情緒打掃乾淨，迎接新的陽光

國學實踐應用專家翟鴻燊在一次講座中這樣說：「思考不僅僅是用腦袋，而是用心性來思考。中國傳統文化中的這個『心』，不是指心臟，是心智模式、心性……看到這張臉就知道你的內在，這是很關鍵的。相由心生，改變內在，才能改變面容。一顆陰暗的心托不起一張燦爛的臉。有愛心必有和氣，有和氣必有愉色，有愉色也必有婉容。」這段話實際上是告訴我們，人外在的一切表現都是由人心所生：快樂、悲傷、煩惱、痛苦的表情皆是內心的反應，它不受外界任何因素的制約。對於同樣的事物，人的心態不同，其結果也不同。

關於此，有這樣一則故事可以說明：從前有一個小和尚，他剛到一座寺廟不久，老和尚分配給他的任務便是每天把寺廟的院落清掃乾淨。

時值秋季，寺院裡面有很多落葉。所以，清掃這些落葉便成了一件苦差事，小和尚每天都要花費很多時間才可以將落葉清掃完畢。但是，每一次秋風過後，落葉便再次飄舞飛落，小和尚便還需繼續打掃，這讓他痛苦不已。其他的和尚給他出主意：「你每天在掃院落前先用力搖樹，把那些將落的葉子晃下來，這樣清掃一次後，便有一陣子不用打掃啦。」小和尚覺得非常有道理，於是按照這個方法實行了，他清晨起了個大早，奮力搖樹，然後自認為把今明兩天的落葉都一次清掃乾淨了，這讓他一整天都心情大好。誰知第二天，小和尚剛到院子便傻眼了，落葉依舊鋪滿地。這個時候老和尚走了過來，垂眉低語道：「無論你今天如何用力，明天的落葉依舊會飄落的。」小和尚聽了終於頓悟，是啊！世界上很多事情是不能提前的，認真地做好當下才是最為真實的人生態度。忽然間小和尚的內心產生了一種滿足和快樂感，他內心所有的苦惱、疲憊、絕望消失得無影無蹤……小和尚認識到清掃落葉這份苦役蘊涵的哲理，於是他不再抱怨和焦慮了。

小和尚先後做的是同樣的事情，但是由於心態不同，取得的結果也大相徑庭。當他將清掃落葉當作一種苦役時，心中就充滿了煩惱、痛苦和絕望；當他將清掃落葉當作一件有意義的事時，心中便充滿了滿足和快樂，最終也獲得了心靈的解脫。由此可見，任何煩惱和快樂都是由我們的內心所決定的。如果我們用悲觀的心態看待事物，最終得到的也只是煩惱和痛苦；如果我們用樂觀的心態看待事物，就能夠得到快樂和滿足。

曾在一本雜誌中看到過這樣一個故事：約翰．傑西已經過了不惑之年，他最為在乎和擔心的是兩個可愛的兒子。他們雖年齡相仿，但是脾氣秉性大相徑庭。大兒子路易士生來悲觀，總是一副憂心忡忡的樣子。而二兒子亞德生來活潑，每天都快快樂樂的。為了讓路易士快樂，約翰平時也對他加倍偏愛。有一年的耶誕節前夕，約翰．傑西想試試自己的兩個孩子，於是便特意給他們準備了完全不同的禮物，在夜裡悄悄地掛在聖誕樹上。第二天早晨，兄弟倆早早地起床，興致勃勃地想知道聖誕老人給自己的禮物。哥哥路易士收到了很多禮物，足球、嶄新的自行車、氣槍、羊皮手套等等，可是他一件件取來的時候卻越來越不高興。

於是父親問道：「怎麼？這些禮物你都不喜歡嗎？」路易士便難過地說：「你看這氣槍，若是我拿出去玩，說不定會因為打碎鄰居家的玻璃而遭來一頓責罵。這自行車雖然漂亮，我騎著出門也會高興，但若是撞在樹幹上，讓我受了傷可怎麼得了。這羊皮手套雖然好，但是說不定我戴著出門就會掛在樹枝上，也會增添許多煩惱。足球更不要說了，我總有一天會把它踢爆的，到時候可怎麼辦啊！」說完竟大哭起來。父親聽到這些，什麼都沒有說便出去了。剛一出門，便看到自己的小兒子，拿著自己給他的一個紙袋笑個不停。父親大惑不解，因為紙袋裡面什麼都沒有，只有一包馬糞，父親實在不明白小兒子耶誕節收到這一包馬糞作為禮物如何能夠笑得這麼開心。於是父親問小兒子：「你為什麼這麼高興？」小兒子邊笑邊說：「我的禮物是一包馬糞，我想一定有一匹小馬駒在我們家裡呢。」隨後他開始尋找，果然在自己家屋後面找到了一匹小馬駒，隨後亞德開心地大跳大笑，父親見此場景，也開心地笑了起來。

快樂或悲傷完全取決於我們的內心，樂觀的情緒下無論看到什麼都能看到光明的一面，悲觀的心理總是抓著黑暗的那面不放，得到什麼，都不會快樂。**快樂源自於內心，並非可以通過外界的一切金錢財物才能得到的；悲觀卻是自己醞釀而成，如同苦酒一般，自釀自嘗，不能怨周圍的一切人和事。**

想想我們在生活中，內心憂慮最大的來源並不是外界的「危險信號」，更多的時候是來源於我們內心的一些想法。比如：我們總是會擔心失業，擔心身體的一些疾病，擔心意外的事件等等。我們的內心似乎在灌輸給我們一個想法：「我們的生活必須是循序漸進，按照我們的內心想像而生活，要平安且不要有太多麻煩和困難，一旦超出這個範圍，我們便無法接受。」要知道，我們這樣去煩惱，是不能改變任何事實的。

生命匆匆，只是一個過程而已。快樂是一天，悲傷也是一天，與其在煩惱和痛苦中過，不如快樂、幸福地活。快樂或悲傷皆由我們內心所生。**我們要想獲得更多的快樂，就應該早一些摒棄內心的煩惱和痛苦，將內心陰鬱的情緒打掃乾淨，迎接新的快樂和幸福的陽光。**

PART 2

在我的地盤聽我的：有效控制不良情緒

- 你自己的想法，不要輕易受情緒擺佈
- 拭去內心的浮躁，保持一個好心情
- 要戰勝自己，就要戰勝自己所有的缺點
- 每個人的不同，就在於自我的控制力
- 情緒有時像病毒，控制不好會肆意蔓延
- 釋放負面情緒，為心情找一個「排氣孔」
- 內心的負面情緒，往往來自於你的計較
- 過去的事情就過去吧，當下的快樂才最重要

你自己的想法，不要輕易受情緒擺佈

你是否也有過這樣的經歷：考試前焦慮不安、坐臥不寧？被老師父母批評後容易自暴自棄？和朋友爭吵後，上街亂逛，並買一堆多餘的東西洩憤呢？偶爾有這樣的情緒不要緊，如果經常這樣，你就要注意了！因為不知不覺中，你已經成了「情緒」的奴隸，陷入情緒的泥淖而無法自拔。所以，一旦心情不好，你就「不得不」坐立不安、「不得不」曠職、「不得不」亂花錢、「不得不」酗酒滋事。

就讓我們來管理自己的情緒吧。心平氣和地對待一切事物，這樣，我們的情緒才會保持在一種良好的狀態下。如果我們為別人帶來風雨、憂鬱、黑暗和悲觀，那麼，他們也會報之以風雨、憂鬱、黑暗和悲觀。相反，如果我們為別人帶來歡樂、喜悅、光明和笑聲，他們也會報之以歡樂、喜悅、光明和笑聲。如果我們在學會控制自己的情緒的同時，還能體察別人的情緒變化，那麼，我們更容易使自己保持好心情。

每人心中都有一把「快樂的鑰匙」，我們卻常在不知不覺中把這把鑰匙交給別人來掌管。一位銷售員抱怨道：「我活得很不快樂，因為我經常碰到糟糕的客戶。」這位銷售員把快樂的鑰匙放到了客戶手裡。一位職員說：「我的老闆很苛刻，我很生氣！」這位職員把快樂的鑰匙交到了老闆手中。而一個成熟的人會握住自己快樂的鑰匙，他不期待別人使他快樂，反而能將快樂與幸福帶給別人。

弱者任思緒控制行為，強者讓行為控制思緒。正如奧格．曼狄諾所說：「**學會掌握情緒，做情緒的主**

人，是人生前行的關鍵。」

馬琴力曾是美國副總統。一天，一個議員帶著幾個人衝進了他的辦公室，對他做出的一個決定表示抗議。議員開口就用很難聽的話咒罵馬琴力，馬琴力卻異常平靜，一點兒也不動怒，耐心地聽著他發洩怒氣。等他們一個個說得筋疲力盡後，馬琴力才用溫和的口氣問：「現在你們覺得好些了嗎？」然後，馬琴力開始向他們解釋自己為什麼要做那項決定。副總統平和的態度，使那個議員臉紅了，他意識到自己的觀點的確站不住腳。

如果馬琴力總統在議員粗暴地指責他時竭力地解釋，那只會導致一場更激烈的爭吵。凡是有負面情緒，最根本的原因都是心底感覺不如意。通常能正確處理負面情緒的人，都會將不如意的事看作路上的一個小水窪，有時泥水濺在腳上，皺皺眉也就過去了。喜歡憤怒的人不同，他們的水窪裡全是汽油，一點就著，不但燒得自己面目全非，而且一定要殃及旁人，讓旁人跟著不好過。等到他們冷靜下來，發現脾氣發得太狠了，話說得太重了，才想去道歉。但受害者委屈也受了，氣也生了，心裡有了裂痕，哪有那麼容易彌補？

怒氣傷身，發怒會使人血液中的毒素增加，導致皮膚問題，加速大腦衰老，還容易使甲狀腺失調，胃、肝、心臟都會受到影響，至於「氣得肺炸」，更說明怒火會讓肺換氣過度，危害健康。克制怒氣不只是為了人際關係的和諧，更是為了自己有一個健康的身體、悠閒的心態，才能保證生命的品質。

古代，有位將軍動不動就發脾氣，他甚至曾在朝堂之上頂撞過皇上，因為他勞苦功高，別人都讓他三分，但他的仇敵越來越多，將軍也漸漸感到有壓力。

這一天，將軍走進國內最大的寺院，請那裡的高僧給他提意見。一開始，將軍的言語裡還有些責怪自己的意思，後來，他越說越煩躁，最後他說：「我就這麼個脾氣，江山易改，稟性難移，要我改？怎麼改？」高僧問：「既然天生就有的東西，那拿出來給我看看，如果拿不出來，為什麼改不了？」

將軍聽到這話有些生氣，不客氣地說：「你們這些高僧都喜歡詭辯！」法師說：「貧僧的話如果是詭辯，那將軍的仇敵們對皇上說的也許『詭』上數倍，到時將軍該如何分辯、如何自處？人們說戒急用忍，不是委屈自己，而是為了周全，將軍難道不明白這個道理？」

將軍並非不明白「戒急用忍」的道理，正是因為明白，他才會進入佛寺。可是，脾氣不是說改就能改，將軍想得到的，是更加實用的建議。亂發脾氣常常壞大事，給自己招惹不必要的麻煩。但火氣上來的時候，常常不知道如何「熄火」。脾氣畢竟是一種情緒，還是一種不易壓制的激烈情緒。

克制怒氣的方法並不難，在你想生氣的時候，先握緊拳頭，倒數三秒。三秒過後，告訴自己：「三秒都忍住了，再忍一下。」忍過三十秒、三分鐘，這氣也就消了一大半，至少不會以最劇烈的形式發出來。只有耐得住性子，才能保證你做出的判斷是理智的，你決定的行為是妥帖的。若任由自己發脾氣，得到的只有敵視和仇恨，所以，**凡事能忍則忍**。

忍耐是一種美德，但無條件、無限制地忍耐卻是一種懦弱，有時候甚至會憋壞自己，讓心靈變得陰暗。有智慧的人知道什麼時候需要發洩，在原則問題上，他們擲地有聲；在重大失誤面前，他們臨陣不亂，對責任人嚴懲不貸；看到不公事件，他們討伐指責，更知道及時幫助那些有需要的人。怒氣不是不可以發，**但要保證這火燒得有根有據，更要知道範圍，星火燎原雖然壯觀，卻可能導致大災。那些恰當的火光，才能保證自己的明亮，同時讓人看到人性的光亮。**

拭去內心的浮躁，保持一個好心情

浮躁是一種不健康的心態，如今已經遍佈社會的各個角落，成為現代人的一種通病。人一旦浮躁了，自己內心的各種欲望就會蠢蠢欲動，導致自己很難平靜下來，終日處在一種又忙又煩的應急狀態中，脾氣會變得暴躁，神經會緊繃，於是抱怨不斷，最後往往會導致自己被生活的急流所裹挾。浮躁不僅會影響我們生活的品質，也會阻止我們獲得幸福和快樂。

很多時候，我們浮躁，就是因為自己的心總靜不下來，使我們活得不堪重負的往往是我們自己。保持心靈的寧靜不易，我們需要不斷地反省，逐漸剔除掉心中不安分的東西，我們只有拭去心靈深處的浮躁，才能得到幸福和快樂。

從前一個小村莊中有兩個人，他們有一個共同點。疑心病重，內心充滿嫉妒和猜疑，非常浮躁。所以，他們沒有其他朋友，各自是對方唯一的朋友。

他們兩個人經常被村裡的人嘲笑：「如果要他們不猜疑、不嫉妒，除非石頭開花呀！」聽到別人的嘲笑，他們心裡非常不舒服，決定改變自己，開始自我反省。一個人對另一個人說：「像我們這樣嫉妒、猜疑別人，實在是不好的習慣，必須想辦法改正才行啊。」另一個人同意他的說法，並提議去山裡住一段時間，好好地反省反省。他們收拾好東西，跟本村德高望重的族長告別。

族長為人坦誠、大度又有智慧，聽了他們的講述，對他們說：「如果你們真的認識到了做人的道理，能夠常常反省自己，這將是非常大的進步。但是如果你們浮躁的心靜不下來，那麼你們住進山裡也是枉然。如果你們的心能靜下來，那麼即使住在鬧市裡也是一樣的啊。」兩個人聽了族長的話，覺得有道理，便放棄了進山的打算，依舊住在村子裡。過了一段時間，人們發現，他們跟之前不一樣了，不再那樣猜疑和嫉妒別人了。

俗話說：「欲速則不達。」人們無論做人還是做事，都應該一步一步來，踏踏實實地做，才可以開創新的局面。反之，如果讓浮躁佔據著你的思維，那麼，你就會失去清醒的頭腦，就根本無法穩步前進。浮躁是一種不可取的生活態度。浮躁的人在工作上眼高手低、敷衍了事，在學習上一知半解、囫圇吞棗。**浮躁只會耽誤一個人的前途，拭去浮躁才能專心地做好事情**。所以說，無論是在學習上還是在工作中，我們都應該遏制浮躁的心態，腳踏實地、循序漸進。正如那句俗語所說的：「勸君做事要專心，心安勿躁好成事。」

古時候，有個叫養由基的人，他的箭術非常高明，百步穿楊都不在話下。據說動物都知道他箭術高明，所以，只要他一出現，動物們都嚇得逃跑了。有一次，兩隻猴子抱著柱子，玩得不亦樂乎，有人張弓搭箭要去射殺它們，但是兩隻猴子都沒有在意，依舊玩鬧著，甚至還朝著人們做鬼臉。這時，養由基走過來，接過弓箭，只見猴子們嚇得趕緊逃走了。

有一個年輕人非常仰慕養由基的箭術，一心想拜他為師。養由基經不住年輕人的再三請求，於是就收下了這個學生。起初，養由基並沒有直接教他射箭，而是交給他一根很細的針，讓他放在距離眼睛幾尺的地方，然後整天盯著這根針的針眼看。年輕人按照養由基的要求去做，兩三天后，他忍耐不住了，便問養由基：「我是來學習箭術的，不是來看針眼的。您什麼時候才能真正教我學習射箭呀？」

養由基回答道：「你現在所做的事情就是在學習箭術呀！你繼續練習吧！」

年輕人又堅持了幾天，可是幾天後，他再次變得煩躁不安，心想：「天天看針眼能看出什麼來？我看他就是在敷衍我，他也只是徒有虛名罷了。」

後來，養由基又教他練習臂力的方法，讓他伸直手臂，然後在手掌上放一塊石頭，這個動作要堅持一天。年輕人不明白養由基的用意，抱怨道：「我是來學習箭術的，為什麼讓我端石頭呢？」他心裡非常不痛快，不願意再練下去了。養由基也看出了他的心思，同時也認為他不是學習箭術的材料，所以就任由他去了。後來，這個年輕人又跟其他老師學習箭術，但是最終也沒有什麼大的成就。

其實，這個年輕人如果不好高騖遠，腳踏實地，甘於從點滴做起，那麼他最終有可能成為一名射箭高手。但是，他抱著一種急功近利的態度，沒有堅持訓練，因此沒能學到精湛的箭術。

不煩不躁，從容生活，這才是人生的最高境界。在現實生活中，當我們遇到困難的時候，切記不要心浮氣躁。任何困難都只是我們生活的一部分，如果我們能夠認識到這一點，就會明白這些困難根本不能作為阻擋幸福到來的絆腳石。當我們心情不好的時候，就會看什麼都覺得不順眼，做什麼事情都不順手，人在心浮氣躁的時候是很難成事的，所以我們一定要拭去自己內心的浮躁，始終保持一個好心情。因為只有心情好了，人才能神清氣爽，做起事情來才能得心應手。只有這樣，我們才能成為幸福和自由的人。

要戰勝自己，就要戰勝自己所有的缺點

愛迪生說過：「要戰勝厄運，首先要戰勝自己的軟弱。」很多人不能從厄運中走出來，原因之一就是他不能夠戰勝自己的軟弱。其實何止是在厄運的時候，在任何情況下，我們需要做的都是戰勝自己。人的一生之中，最難的事情其實也就是這一件。這不由得讓我想起一個故事。

美國總統羅斯福是一個有缺陷的人，小時候是一個懦弱膽小的學生，在學校課堂裡總顯露一副驚懼的表情，呼吸就好像喘大氣一樣。如果被叫起來背誦，立即會雙腿發抖，嘴唇也顫動不已，回答起來，含含糊糊、吞吞吐吐，然後頹然地坐下來。

由於牙槽前凸，使他變得敏感，常回避同學間的任何活動，不喜歡交朋友，成為一個自愛自憐的人。然而，羅斯福雖然有這方面的缺陷，卻有著奮鬥的精神，一種任何人都可具有的奮鬥精神。事實上，缺陷促使他更加努力奮鬥。他沒有因為同伴對他的嘲笑而減少勇氣。他喘氣的習慣變成了一種堅定的嘶聲。他用堅強的意志，咬緊自己的牙床使嘴唇不顫動而克服他的懼怕。

沒有一個人能比羅斯福更瞭解自己，他清楚自己身體上的種種缺陷。他從來不欺騙自己，認為自己是勇敢、強壯或好看。他用行動來證明自己可以克服先天的障礙而得到成功。

凡是他能克服的缺點他便克服，不能克服的他便加以利用。通過演講，他學會了如何利用一種假聲，掩飾他那無人不知的齙牙。雖然他的演講中並不具有任何驚人之處，但他不再因自己的聲音和姿態而遭遇失敗。他沒有洪亮的聲音或是莊嚴的姿態，他也不像有些人那樣具有驚人的辭令，然而在當時，他卻是最有力量的演說家之一。

羅斯福沒有在缺陷面前退縮和消沉，而是充分、全面地認識自己。在意識到自我缺陷的同時，能正確地評價自己，在頑強之中抗爭。羅斯福不因缺憾而氣餒，甚至將它加以利用，變為資本，變為扶梯，登上名譽巔峰。

難以戰勝不等於不可戰勝。所以，真正能戰勝自己的人，就成了古往今來最成功的人。而另外一個人，正因為無法戰勝自己，所以不能夠成為一個真正的強者。

戰勝自己，就要和自己的缺點做鬥爭。每個人都有自己的缺點，關鍵是能不能認清它們並通過努力加以改正。比方有的人比較懶惰，那就要讓自己學得勤快一點，可能就因為改變了這一點，就受到了老闆的賞識，從而被提拔，又是表揚又是加薪。再比方有的人比較軟弱，那就要鍛煉自己的毅力，讓自己變得剛強，再遇到困難的時候不會再打退堂鼓。可能就是因為這一次沒有退縮，就在勇往直前的拼搏中得到了屬於自己的一片天地。

面對艱難困苦的時候，我們更應該戰勝自己。

一個愛抱怨上天不公的人，與其抱怨，還不如自己咬緊牙關不懈奮鬥。因為就算你抱怨上天一百次，你的命運也不會因此好轉一點，只有真真切切地努力才能改變自己的命運。誰也不是天生就運氣好的人，在我們眼中衣著光鮮、腰纏萬貫的人，之前很可能就是一個窮小子。我們不能只看到別人的幸福而忽略掉他為了這一天曾經吃過多少苦、受過多少累。

總想著不勞而獲不能取得成功，只有通過奮鬥才能夠獲得成功。即便是有機會不經過自己的努力得到一些東西，也是不牢固的，說不定哪一天就會失去這些東西。只有通過自己的付出所得到的果實，才不會輕易地從你手上溜走。

老子說過：「勝人者有力，自勝者強。」沒錯，能戰勝別人的人只能算是有力的人，而只有連自己都能夠戰勝的人，才算是真正的人中強者。

總之，要戰勝自己，就要戰勝自己所有的缺點。不管是自己正處在困頓當中，還是正在經歷挫折和失敗，都不應該灰心喪氣。面對所有的不如意，要讓自己保持一個沉穩冷靜的心態。只有這樣，才能夠從容面對人生中各種不盡如人意的未知。否則，就會因為失敗而一蹶不振，從而忘掉失敗是每個人在生活中都要不斷經歷的。有的人會放任自己萎靡的心態，從而放棄積極的人生。**只有戰勝自己，才能夠擁有積極的心態，才能夠在困苦之中始終保持昂揚的鬥志，才能從自己經歷的每一次黑暗中看到光明，從每一次損害中看到機遇。**

每個人的不同，就在於自我的控制力

有一位作家說：「其實人與人都很相似的，不同就那麼一點點。」這一點點，便是忍耐力。一個能夠忍耐的人，是一個有足夠自我控制力的人，他對自己的雕琢更勝他人。

每個成功者都明確知道自己想要什麼、該做什麼、絕對不能做什麼。因為他們深知：「在成功的道路上，你沒有耐心去等待成功的到來，那麼，你只好用一生的耐心去面對失敗。」

韋文軍在深圳裝飾行業不是一個普通人物，他的裝飾設計公司在短時間內迅速崛起，他傳奇般的發家經歷值得我們借鑒。

美術中專畢業後，初到深圳的韋文軍在第一次面試時，受到了一連串的打擊。

第一次走進裝修設計公司老闆辦公室的韋文軍是這樣介紹自己的：「你好，我叫韋文軍，今年才畢業……」還沒等他把話說完，老闆一揮手：「出去！我們公司不要剛畢業的新人！」韋文軍當時的心情難過極了，但他還是很克制地說：「雖然我剛畢業，但我還是挺有天分的……」老闆馬上打斷了他的介紹，大聲說道：「我們公司的員工個個都有天分，請你馬上離開！」

韋文軍並沒有放棄的意思，馬上拿出作品放到了老闆面前。老闆看了之後，感覺還行，就對韋文軍說：

「我們這裡的辦公都是用電腦操作，你可以嗎？」韋文軍連連點頭：「我會用電腦！」軟硬兼施之下，老闆答應給他幾天的試用期。沒過幾天，老闆又讓韋文軍走人，原來老闆看出了韋文軍只是會一些皮毛而已。

讓人如此看不起，自尊心受到打擊，但韋文軍依然忍耐著。

他再一次表明自己想學電腦，不要公司任何報酬，只要管吃住就行。最後，老闆給了他這樣一個條件，那就是讓韋文軍負責公司衛生間的清潔工作。韋文軍接受了。

從此，有一個忙碌的身影穿梭於這家公司。整個上午韋文軍都在打掃衛生，中午簡單地吃幾口飯，然後接著清潔廁所。等所有的清潔工作完成後，已經到了下午。剩下的時間，韋文軍就和別人學習電腦操作。下班後，韋文軍還要再次打掃一遍，簡單吃過晚飯後，就開始閱讀書籍和學習上機操作。

後來，韋文軍覺得自己還得多多瞭解建築知識，於是就產生了去總工程師那裡「偷藝」的想法。他發現，這位總工程師每晚動筆之前有一個喝酒的習慣，於是他就用自己不多的積蓄買來各式名酒，還帶來一些下酒小菜，總工程師終於默許韋文軍坐在他的身邊了。

從那以後，公司正式雇用了韋文軍，月薪一千元人民幣（約五千元台幣）。工作一段時間後，韋文軍畫的 3D 設計效果圖的中標率非常高。經過反復研究，老闆還發現韋文軍色彩感覺也特別好，就立刻提升韋文軍做設計總監，月薪六千元人民幣（約三萬元台幣），並不時給韋文軍一些大項目去做。

一九九九年七月，公司得到了別墅群規劃的大單子，韋文軍全權負責這個項目。此時的韋文軍已經非常老練，他上學時的風景水粉畫功底也在這次派上了大用場，兩個月的時間，光 3D 效果圖就畫了三十七張。韋文軍受到了客戶的讚譽，客戶很痛快地將款項寫到公司的賬目上。

韋文軍被老闆任命為藝術總監，此時，他已經月薪兩萬人民幣（約十萬元台幣），而且還能得到年終分紅獎勵。回首往昔，韋文軍為自己一年前還在公司刷馬桶的境遇感慨萬千。

兩年之後，韋文軍用自己的積蓄成立了自己的裝飾公司。

重提過去那段往事，韋文軍一笑置之，稱刷馬桶的經歷實屬上帝「負面的恩典」，非常難得，他會抱著感恩的心回頭看待這段故事。他告訴我們一個成功的秘密：**所謂能耐，就是能夠忍耐！**

人生總是充滿了困難和驚喜，就像當初剛剛畢業的韋文軍，沒有一技之長，三番五次地被人拒絕，但是憑藉著自己的忍耐力和衝勁，從刷馬桶做起，從不要工資開始，在忍耐中提高自己，使自己成了一名技術精湛的設計師。

人因為有希望才能夠好好地活著，因為對美好明天的追求，才忍受了今天的痛苦，不管生活多麼艱難，只要想到未來的日子，我們就有勇氣忍耐一切。

很多時候，我們也會遇到像韋文軍當初遇到的情況，這就要求我們也要像韋文軍那樣有一顆忍耐的心，有一顆希望的心。當然，並不是每個人都要像他一樣從刷馬桶做起，但是肯刷馬桶確實是一種追求成功的良好態度和巨大決心。

成功，就是這樣，要花費很大的代價，要忍耐，要對自己狠一點。

情緒有時像病毒，控制不好會肆意蔓延

生活中，每一個人都難免會遇到各種壓力：上司不滿、下屬反戈、升職困難、客戶難纏、丈夫（妻子）的不解風情、孩子頑皮淘氣、婆媳不和……常常會讓人感到焦頭爛額，不免心中起火。如果火氣在下班之前還不能消除，就會不可避免地把壞情緒帶回家裡：看到丈夫（妻子）懶散地躺在沙發上看電視，無視你的一臉疲憊，你會覺得他（她）不夠關心你；看到他（她）的鞋東一隻、西一隻地散放著，你邊收拾邊覺得委屈……於是，說話帶刺，牢騷滿腹，一來一往，爭吵開始，傷了感情，問題升級，火氣越來越大。

我朋友郭女士在一家商場做賣場經理，因為服務周到，細緻認真，深受客戶們的好評，因此也為商場贏得了很多回頭客。

然而，就是這樣一位在工作中無論何時都能對顧客報以親切、和藹微笑的人，在六歲女兒的眼裡卻是個「惡媽媽」。每天一到媽媽下班快到家時，女兒就會問奶奶：「媽媽是不是快回來了？」奶奶一說「是」，她就會立刻嘟囔一句：「不知道媽媽今天高不高興，大家一定要小心。」

每每這時，奶奶又是心疼，又是無奈。照理說郭女士也算是個好兒媳婦，就是脾氣不好。奶奶覺得她工作辛苦，在外又要看客人們的「臉色」，所以心裡的委屈只能拿回家發洩，因此自己倒也覺得能理解兒媳；就是覺得小孫女有點可憐，總是小心翼翼的，怕惹媽媽生氣，引發媽媽的一頓「數落」。

起初郭女士的想法和奶奶一樣，覺得自己回家裡發洩一下很正常。但是時間長了，她感覺到家人逐漸對她「敬而遠之」，就連寶貝女兒也不敢與她親近，丈夫更是對她「避而不見」。久而久之，上班之前還是很難擺脫壞情緒的困擾，而工作中絕對不能表現出來。因而她經常覺得氣短、胸悶，甚至有些抑鬱。

千萬不要把壞情緒帶回家，這絕對不是危言聳聽。長此以往，就會像郭女士一樣，不僅自己被壞情緒困擾，就連家人也要跟著擔驚受怕，整個家庭氣氛異常緊張。家是溫馨的港灣，一個充滿著天倫之樂、團結和睦氣氛的家庭會使每個家庭成員精神愉悅。相反，如果一回到家裡，就感到煩惱、不和諧，這對誰都沒有益處。

仔細想想，家人其實是人們最寶貴的財富。如果因為自己在外面遇到了不順心的事，就說些不中聽的話，或動不動就對家人發脾氣，這是很不應該的。他們又沒有錯，為什麼要他們成為你的「出氣筒」呢？

當然，有氣也要撒，有委屈也要釋放，但關鍵是要掌握好分寸，儘量在進家門之前就把它消化掉。比如下班後，坐在公車上，獨自凝望窗外，看看城市的一景一物、來來往往的人流，想想乖巧可愛的孩子、和藹可親的父母和公婆，還有和自己一樣辛苦為家忙碌的丈夫，是不是心裡就會生出一絲感動？這時，你心裡的不快和怨氣就會消失，因為一個人如果總是糾結於壞情緒中，那麼看什麼都是灰色的，一旦你心裡都是快樂、和諧的畫面，壞情緒也就會被一掃而光。

我姐姐蘇順順從事的工作雖然很辛苦，但是她從不把壞情緒帶回家裡。一次，我和她約好一同下班，結果沒走幾步，自行車胎就被紮破了。無奈之下，她只得冒著酷暑推著車走了很久才找到一個修車點。

本來工作就很辛苦，又遇到這樣的事情，換誰都會發兩句牢騷的。但是她沒有，在回來的路上她也沒有再和我開心地攀談，我想她肯定是心情不好。等走進家門前時，我看見她下車徑直走向一棵小樹，雙手擦一擦樹葉，然後才進家門。

進門後，她臉上出現了笑容，兒子跑過來抱她，她就把兒子抱起來，又走過去親切地和婆婆打了招呼。前後如此大的變化，令人難以置信。我問她為什麼能做到這一切，她笑著說：「我稱那棵樹為『麻煩樹』。我知道白天不可能沒有麻煩和困難，但那些困難不屬於我的家庭。所以每天傍晚回家，我會象徵性地把問題掛在樹上。更神奇的是，第二天早上我出門時，前一晚的問題似乎變少了。」她興奮地說道。

其實，每一個理智、聰慧的人，都不會讓壞心情影響自己，不會讓壞心情干擾自己的生活。他們會找出各種辦法緩解自己的壞心情：

進行自我心理治療，這很重要，體察自己真實的感覺，找出產生壞心情的原因；對問題進行冷靜的思考和分析，想明白為什麼會出現令自己不高興的事情，分析清楚原因；

進行自我心理疏導，告訴自己不要用別人的錯誤來懲罰自己，如果為了別人的錯誤而生氣，那就是在浪費自己的生命；

進行自我告誡，告誡自己不要生氣，告誡自己要心平氣和，告誡自己要心情愉快，告誡自己不要傷害自己；進行自我寬慰，去和愛人看場電影，去和朋友吃頓晚餐，或是自己去買一束花……

家人是你最親密並相伴一生的人，有什麼煩惱與他們訴說，做到及時溝通是有必要的。但訴說也要講究方式方法，不是一味地將他們當成「出氣筒」或是「拳擊袋」。

釋放負面情緒，為心情找一個「排氣孔」

一個人長期壓抑內心的壓力和負面情緒，會導致免疫力下降，內臟功能失調，誘發多種疾病。同時，對心理健康也會造成極大危害，嚴重時還會出現精神分裂。在二十世紀七十年代，美國科研機構針對此類問題就發明了一種非藥物治療的心理療法——宣洩法，鼓勵人們通過適當的方式把心中的焦慮、憂鬱和痛苦宣洩出來，從而恢復身心平衡。

宣洩，就是排解釋放負面情緒的過程。因一些不堪回首的經歷或是沉重的生活壓力，而長期積累在內心的鬱悶和痛苦，必須通過一定方式進行排解和疏導，否則就會給人的健康和正常生活帶來無法估計的危害。在現實生活中，宣洩的方法有很多，只要掌握了一招半式，就能把內心的積鬱一掃而光。

不要忽視眼淚的力量。有人說，牙碎了也要咽到肚子裡。殊不知，這不僅不利於情緒的改善，反而會讓負能量在內心越積越多，甚至有人提出，強忍淚水無異於慢性自殺。在面對糟糕的心情時，沒有任何一種方法，比讓自己痛痛快快哭一場更過癮、更有效。所有煩惱、憂傷和委屈，都會隨著淚水一同傾瀉出來。這就像是給心靈做一次排毒 SPA，所以不要吝嗇你的淚水，也不要羞於直接去表達脆弱的情緒。

荷蘭科學家們試驗發現，類似《忠犬八公》、《美麗人生》這樣的悲情電影，對緩解人們壓力和負面情緒很有效。

催人淚下的情節會讓每一個觀影者流淚不止。短短九十分鐘時間之後，人們的情緒狀態會有所下降。這可能是電影情節過於悲傷的緣故。但隨後不久，他們的情緒就會迅速恢復，並逐漸超過觀影之前的水準。

從生理角度來說，人在哭泣時會將一些精神壓力產生的毒素排出體外，同時人腦中會產生對提高興奮度有益的化合物。從心理角度來說，哭泣可以使人的心靈得到慰藉，情緒得到釋放。通過與電影中悲傷情節的對比，人們更容易體會到自己現實生活中的美好，更容易產生幸福感覺。

要善於向身邊的人傾訴。很多人不願意向別人傾訴自己的心情，怕遭到別人的嘲笑和埋怨。其實，這種擔憂大可不必。你的家人和最好的朋友，一定是生活中最關心你的人，在你情緒不佳時，你完全可以找他們倒倒苦水。根據你的傾訴，對方能夠有的放矢地給予你寶貴的意見和建議，而且情緒低落的人往往容易走彎路、鑽牛角尖，容易辨識不清生活中的真實情況，這時候聽聽別人的意見就顯得非常重要。即便對方不能給予你意見，僅僅是認真地聆聽，僅僅是一個微笑示意，這對你來說都是一種莫大的肯定、鼓勵和寬慰。當你一吐為快之後就會發現，你的情緒已經恢復大半。

運動是解壓宣洩的最好方式。體育運動一方面可以得到轉移注意力的作用，人們通過體力的消耗讓自己專注運動本身，從而會忘卻那些糟糕的心情。另一方面，運動過後會讓人產生一種淋漓盡致的解脫感，所有不快都會隨著汗水一同流走。

為了證明跑步之類的有氧運動可以減輕心理緊張、情緒倦怠等症狀，澳大利亞新英格蘭大學的科學家們設計了這樣一組比較實驗。

他們將被試者分為三組：一組進行有氧方面的訓練，第二組進行無氧力量訓練，第三組保持靜止的狀態。在持續一段時間之後，通過對各組被試身體指標的檢測發現，前兩組都不同程度地提升了個人成就感和幸福感，同時降低了知覺壓力。特別是進行有氧運動的被試者，他們在降低心理壓力和情緒衰竭等方面表現得尤為突出。

這個實驗結果表明，跑步等運動方式可以得到釋放情緒作用，對於被生活壓力和負面情緒所困擾的人來說，無疑得到了興奮劑的作用。

當然，宣洩也要注意分寸，絕不能做出困擾他人或傷害自己的事情。沒有哪一種宣洩方式是最佳的，也沒有哪一種情緒是不能宣洩的。只要你根據自身情況，選擇適合自己的方式，就會使內心的積鬱得以宣洩，心靈的重壓得以釋放。

香港明星劉德華曾唱道：「男人哭吧哭吧哭吧不是罪，再強的人也有權利去疲憊。」不管是男人還是女人，在我們疲憊不堪時，在我們焦頭爛額時，在心靈越來越無法承受生活之重時，我們要學會用快樂宣洩自己，用智慧疏導自己，讓我們的心靈始終保持著幸福的溫度。

內心的負面情緒，往往來自於你的計較

有時候，喜歡一部戲，喜歡一個人，都是沒有原因的，只是喜歡而已。夜幕降臨，打開螢幕，看完紅拂往事，又賞綠女回憶。恍然明白，世間萬物踏入這紅塵劇場，便已開始演繹著各自的風塵往事。猶如一面銅鏡，可照出百般模樣；同一條道路，抵達的卻是不同的終點。我們無時無刻不與往事告別，卻沒有一寸時光，能夠重新開始。一幕戲，從前世演到今生，誰都想改變劇本，但誰都沒有勇氣。

生活中，我們多數人認為公平合理是天經地義的準則之一，經常聽許多人抱怨「這是不公平的」或者「我沒有得到這些，你也沒有理由去得到」。事事都想追求公平合理，但是當稍有不合理的事情發生時，心中就會產生矛盾，就會憤憤不平，感覺自己受到了莫大的委屈，內心也無法平靜下來。應該說，追求公平是正確的，但是因為受到一些不公平的對待或者遇到一些不公平的事情，內心就產生消極的情緒，這就需要注意了。

事實上，世界上沒有百分之百的公平。我們所謂的絕對公平，只是我們內心一種非理性的想法。

一位青年，經常懷才不遇，有一天他跑去向一位大師尋求幫助，這位青年向大師哭訴道：「這個世道簡直太不公平，想求得一份職業無外乎這兩種做法：要麼拿著自己的文憑學歷敲開前門見一個陌生人，要麼就帶著禮物錢財到後門見自己的老熟人。」

大師聽了，面帶微笑，緩緩地說：「公平？何為公平呢？你可否寫下這兩個字容我一觀？」青年十分迷惑，但還是在紙上寫下了「公平」兩個字交給大師。

大師呵呵笑著接過紙張，並且讓青年看著這兩個字說道：「公字寫完需四畫，平字卻用了五畫，這『公平』二字本身就不公平，何來『公平』可言呢？」

這個世界上是沒有絕對的公平的，你要尋找公平就如同尋找神話傳說中的仙境、寶物一樣，永遠不可能找得到，因為這個世界本不是根據公平的原則創造出來的。例如，鯊魚吃小魚，對小魚來說是不公平的；小魚吃小蝦，對小蝦來說是不公平的；小蝦吃浮游生物……只要你看看大自然一個個的食物鏈就可以知道，處於頂端的是食肉類的猛獸，處於底部的都是毫無侵略性的植物或者微生物，對於那些註定要被吃掉的生物，你能用公平或者不公平來評價嗎？

世界上沒有百分之百的公平，地震、火山、颱風等自然災害對人類的侵害都是不公平的。在生活中，有的人天生長得漂亮、聰明、健壯，而有的人天生就殘疾，你說這公平嗎？在當今世界中，發達國家的人會因為進食過量而去減肥，而一些落後國家的人因為災荒饑餓而死，這公平嗎？

一些競技、體育比賽項目素以標榜「公平」著稱，但是在一些潛規則的作用下，「公平」也只是一個相對概念。畢竟所有的比賽規則都是人定的，並且也是由人來執行的。每個人都有自己不同的喜好，不同的審美觀、價值觀等等，並且人都有私欲，不同的環境，不同的階段人的意識也會隨之有所不同。所以，想要追求做到絕對公平只是人們的一番幻想，並不實際。

公平是我們每個人都想追求的目標，但是總會出現許多不公平的事情，這並非人類的一種悲哀，而是世界本有的一種狀態，一種真實情況。其實，我們每天生活在不公平之中，每天不可避免地要受到各種各樣不公平的對待，如果你一味地追求百分之百的公平，只會導致個人心理上的失衡，使自己變得焦躁不安，煩惱不已。與其在焦躁、煩惱中度過，不如及早認清現實，放下過多的計較，使自己快樂起來。

同時，當你在滿腹牢騷地抱怨「不公」的時候，你是否反問過自己：「自己真是最好的嗎？」、「自己真做得夠完美嗎？」如果你肯時刻這樣想，就可以平衡自己的心態，使自己從煩惱中解脫出來。

有這樣一則故事：

一位青年，覺得自己非常優秀，卻一直無人識得他的才華，因而不能一展抱負，所以他為了自己一直不被器重而愁苦不堪。

有一天，他大聲地質問智者：「命運為什麼對我如此不公？我並不比那些當官的差，可為什麼我不能得到重用？」

這位智者並未回答，而是隨手撿起了手邊一顆普通的石頭，一抬手扔到亂石堆裡面去了。

智者說：「你試著把我剛才扔掉的那顆石子找出來。」秀才就翻遍了所有亂石堆，卻沒有找到。這時候，智者又向亂石堆裡扔了一枚金子。結果，這一次，秀才很快就找出了那枚金子。

智者雖然沒有說什麼，但是那位秀才頓時醒悟了：當前的自己還只不過是一顆石子而已，如果自己真是一塊金燦燦的金子，就沒有理由再抱怨命運的不公平。

在生活中，很多人就是這樣，在不公平面前只是一味地抱怨。殊不知，很多時候，原因全出於我們自己。所以，**我們在埋怨的時候，首先要靜下心來反思一下自己，問題是否是出在自己身上。同時，我們也要勇於放下過多的計較，以一顆平常心去對待這些不公，這是人生的一種境界。**

每個人的一生都會歷經坎坷，遇到許多不公平的事情，剛開始人們的內心也不平衡，然而，一路走過來，才知道世間根本沒有百分之百的公平，所以，對於那些不公平的事情，人們要學會淡然對待。

過去的事情就過去吧，當下的快樂才最重要

最近在一本書上看到一句話，受到的感觸很深，這是伊森伯格的一句話：「人生的小小不幸，可以幫助我們度過重大的不幸。」對這句話感觸深是最近剛好和一個同學見面，他前段時間攬了一些工程，賺了點錢，春風得意。最近卻因為開發商跑路，他無法給工人支付工薪水而陷入困境。因為他以前一直比較順，所以這一次的打擊對他影響很大，整天萎靡不振。

我想安慰他，告訴他，現實生活中，幾乎沒有人喜歡失敗，可惜這個世界沒有永遠的成功者，換句話說，也不應該有永遠的失敗者。人生是一場搏鬥，誰也不是常勝將軍，**成功者與失敗者的區別在於，前者有面對失敗並超越它的勇氣和能力，後者正好相反，在失敗的沼澤中難以自拔！**但這些雞湯的話我想對他的作用還不如一壺酒，所以也就無法開口。

忽然想起西方有句格言：「不要為打翻牛奶而哭泣。」是啊，牛奶已經打翻在地，再多的哭泣和淚水都是無濟於事的！

人生之中有得亦有失，這是不可逃避的定律。人人都會因為失去某種東西而黯然神傷或者倍感遺憾，可是失去就是失去，很有可能意味著永遠不再擁有，如果過於執著或者沉溺於感傷之中不能自拔，那麼很有可能錯過更加美好的東西，更加得不償失了。

切勿為了已經失去的東西而放棄現有的快樂，牛奶已經打翻了，再怎麼懊惱和後悔也於事無補了，所以過去的事情就過去吧，當下的快樂才最重要。

格林夫婦一家在義大利旅遊時，不幸遭遇了劫匪。不幸的是，他們最疼愛的年僅七歲的小兒子尼古拉在這場劫難中中彈身亡了。這對於格林夫婦來說無疑是一個巨大的打擊，他們如同做了一場噩夢一般。

可是，在醫生確定尼古拉的大腦已經死亡後，父親格林經過考慮做出了一個驚人的決定，他要捐獻兒子的器官。於是，大約四個小時後，尼古拉的心臟便重新在另一個十四歲的男孩的身體裡開始跳動，這個男孩有先天性心臟病，是尼古拉的心臟使他得以痊癒；而他的腎則使兩個腎功能先天不全的孩子有了活下去的希望；再然後，尼古拉的肝使一個十九歲的年輕少女脫離了生命危險；而他的眼角膜則使兩個義大利人看到了他們生命中的第一縷陽光。

這件事情轟動了整個義大利，媒體也對格林夫婦做了採訪，當被問及他們做出這個驚人決定的原因時，格林先生慢慢地說：「我們並不恨這個國家，也不會憎恨義大利人，我的兒子已經再也回不來了，但是我希望那個殺害我兒子的人能夠真心懺悔和反思，他在這樣美好的一個國家裡，犯下了怎樣的罪孽啊！」

格林夫婦臉上掩飾不住的痛苦和悲傷，令所有義大利人為之同情，但是在同情之餘，人們深深地敬佩格林夫婦在遭受此重大惡劣事件之後，所表現出來的冷靜與大度，讓所謂的義大利人倍感羞愧。

假如你處在格林夫婦的境地，你會做出怎樣的選擇呢？是否能夠做到像格林夫婦那樣坦然接受？還是在沉重的打擊之下萎靡不振，難以接受兒子離去的現實，從此永遠沉浸在無盡的悲傷和憎恨之中難以自拔？又或者牽連到對整個社會和國家的抱怨憎恨？

其實，我們必須承認，更多的時候我們選擇沉淪從此一蹶不振是心甘情願，雖然我們遠遠望著美好，但是由於仇恨和悲傷佔據了我們的內心，我們會選擇拒絕美好。

「人人皆可為堯舜」，我們不能做到像聖人英雄般博大的胸懷，但是我們可以選擇嘗試著走出痛苦。畢竟面對失去的東西，無論如何痛苦沉淪也是於事無補，不如釋然接受。

就像格林夫婦一樣，他們只不過是普通公民，然而一場橫禍，讓很多人看到了人性光輝的那一面。這種光輝雖然是在巨大痛苦之下綻放的，但是也因痛苦使這微弱的光輝更加耀眼。這是一種神奇的力量，每一個人身上都具備這種力量，雖然它並不能塑造多麼偉大的輝煌，但是它至少可以點亮生命之光，閃爍出人性中的耀眼光芒。

波爾赫特是一位在世界戲劇舞臺上活躍了五十年之久的著名話劇演員，她曾經輝煌地塑造了各種經典的舞臺形象。

都說福無雙至禍不單行，她七十一歲的時候意外遭遇了破產，就在她為此心力交瘁的時候，生理上的打擊也接踵而來。一次她在乘船的時候，不小心滑倒在甲板上，她的腿部也因此受到了非常嚴重的創傷。醫生雖然已經盡力施救，但是由於傷勢嚴重，迫於無奈需要為她截肢才能保住她的生命。醫生十分為難，擔心把事實告訴波爾赫特後她會承受不了這巨大打擊。

結果，醫生的擔心是完全沒有意義的。當波爾赫特從他口中得知這個消息時，並沒有像預想的那樣表現出極大的悲傷，她只是淡淡地說了一句：「既然醫生都沒有更好的辦法了，那就這麼辦吧。」

之後波爾赫特並無大的情緒起伏，即使在手術當天，她還在輪椅上朗誦著戲裡的臺詞，後來有人問她是不是這樣可以安慰自己。她卻說：「我早已接受事實，還要安慰做什麼呢？只不過為我手術忙碌的醫生和護士都太辛苦了，我這樣可以給他們一些安慰。」

手術以後，她療養了一段時間便開始到世界各地表演去了，她在舞臺上的生涯又持續了七年之久。

我們應該向波爾赫特學習這樣豁達的心態，坦然面對眼前的現實，坦然接受一切，面對已經失去的東西，我們所要做的並不是沉溺其中不能自拔，永遠活在痛苦的回憶中，而是重新振作，迎接新的生活，獲取新的希望。努力爭取，永遠比痛苦懊惱來得有效。「塞翁失馬焉知非福」，生活還要繼續，不管昨天你的經歷是痛苦還是精彩，明天又會有不一樣的際遇，所以莫要停留在當下，一定要懂得去把握未來。

泰戈爾有一句著名的詩句恰如其分地詮釋了得與失的轉換關係，「如果你因為失去月亮而哭泣，那麼你也將失去群星」。心若一直停留在過去，那麼人生便永遠停滯不前。人生最多也不過百年春秋，若在失去的東西上白白浪費這許多美好的時光，那麼人生有多少光陰都會虛度過去，那樣痛苦和懊惱的時間也會加倍延長。

所以，當牛奶打翻之後，你不該哭泣，而是接受這個現實，然後再倒一杯牛奶。失去就是失去，時光不會倒流，前一秒發生的已經發生了，若你為這一秒的失去而浪費今天的痛苦，那麼實在是太不值得了。

只有接受事實，丟掉那些痛苦和苦惱，才能更好地迎接新的朝陽。

PART 3

成為自己人生的「掌舵者」

我的情緒我做主

- 走自己腳下的路，過自己想要的人生
- 一味跟隨他人腳步，將會迷失自我
- 別人那麼多，你又能討好得了幾個人
- 不懂審視自己，才讓內心的迷惘遮掩了心智
- 對付流言蜚語最好的方式：做好自己往前走
- 不要去羨慕別人，美好就會到來
- 相信自己，為心靈注入一劑強心針
- 無論做什麼，為自己就要毫無怨言

走自己腳下的路，過自己想要的人生

我國著名的國學實踐應用專家翟鴻燊曾說過：「一個人如果沒有獨立的思考方式，就難免會陷入別人的遊戲規則。」在這裡，翟鴻燊告訴我們，一個人要想獨行於世間，就應該樹立自己的行事原則或目標。否則，會被別人的思想和眼光左右，陷入別人的遊戲規則，結果只會為了實現別人的目標，將自己搞得身心疲憊。

有這樣一則故事：

一位農夫帶著他的兒子，趕著一頭小毛驢到集市上做小買賣。父子倆都是沒有行事目標的人，平時特別在意別人的看法。走了沒多久，便碰見一群閒談的婦女，其中一人笑道：「快看，這兩個傻瓜，有驢子不騎，非要自己走著。」農夫聽了心裡很不是滋味，立刻就讓兒子騎到驢背上去，他在後面跟著。

一會兒，他們又遇見一群老人，其中一人搖頭哀歎：「哎呀，現在的孩子真是一點孝心都沒有，他自己騎在驢背上，年老的父親卻在後面跟著，真不像話！」農夫和兒子一聽，趕快換了下位置。

這樣走了一會兒，一群帶著孩子的婦女看見了他們，一個女人氣憤地喊：「快看那個可憐的孩子，遇上這麼個狠心的老頭兒，自己貪圖舒服騎著驢，卻讓孩子在後面走。」農夫一聽，馬上讓兒子坐到他後面。

快到集市時，一個市民大聲叫道：「這頭驢多慘啊，竟然馱著兩個人！這頭驢是他們自己養的嗎？」農夫和兒子聽見了趕快跳下來，最後他們想了個辦法：用繩子把驢的四條腿綁在一起，中間穿過一根棍子，父子倆一前一後抬著驢向前走。

當他們終於到達集市的時候，累得氣喘吁吁，路上的行人看著父子倆抬著驢的樣子，覺得新鮮，都開始哄笑起來：「有驢不騎，父子倆真是太傻了。」他們的笑聲嚇到了驢子，驢子奮力掙脫了繩索，亂撞亂跑，一不小心掉到了河裡。

農夫因為缺乏自己的行事原則和行事目標，任由他人支配，最終得到的只能是懊惱和羞愧。現實生活中，許多人也與農夫一樣，缺乏必要的行事目標，別人怎麼說，他就會怎麼做，結果只會弄得周圍的人都有意見。

如何走自己腳下的路，如何去過自己的人生，都是你自己的選擇和決定，完全沒有必要在乎別人的看法。任何人的看法和建議都不能從實質上改變什麼。

在一本書中看到過這樣一個案例：

瑪麗是一家廣告公司的職員，她與同事安妮是好朋友。安妮比瑪麗早一年進公司，所以，剛開始瑪麗受到了安妮的照顧。每當瑪麗遇到難纏的客戶，安妮都會主動幫她搞定。當瑪麗業績不好的時候，安妮也會幫她解決。

後來，瑪麗憑藉在業務上的成就，做到了 VIP 客戶經理的職位。正當她欣喜的時候，她收到了來自好朋友安妮的意外之「禮」。

那一次，瑪麗與安妮共同負責一個客戶關於新產品推廣方面的新聞發佈會。因為事前瑪麗對新產品的資料做了詳盡的瞭解，她提出的推廣方案得到了客戶的讚賞，客戶單獨請她吃晚餐表示感謝。當時，瑪麗也能感到安妮的尷尬，想去安慰她。但是她後來又想，以她們之間的親密關係，安妮應該不會介意的。

第二天上班後，瑪麗聽到有的同事在小聲議論她。後來，她才得知是安妮散佈的謠言，說她那天與客戶在酒店交談徹夜不歸。看到同事們都在用異樣的眼光看著自己，瑪麗內心委屈極了。但她有自己的做事原則，那就是只要自己是清白的，別人怎麼說那只是別人的看法。

隨後一段時間，大家也覺得安妮所說之事經不起推敲，也就沒人再提此事了。幾個月後，瑪麗因為業績突出，又被升了職。

瑪麗因為內心有自己的行事原則，不被他人的流言左右，成為自己真正的主人，最終又升了職。要知道，沒有一個人的生活與自己是完全相同的，自己的思想是獨特的，我們理應接受它，這樣才能活出真正的自我。

康得說：「每個人都是自己的主人。」他想要表達的就是，每個人都有自由支配自己生活的自主權，這個自主權不受任何人、任何事物的影響。

所以，**要做自己的主人，就要儘量靠自己內心的信念來左右自己，無須摻雜別人的任何意見或要求。**

一味跟隨他人腳步，將會迷失自我

人生就是由一個又一個選擇組成，失敗或成功往往就在一個決定間。

有一個人在飯桌上因為點餐舉棋不定，正苦惱於選擇哪一道菜的時候，突然靈機一動，對服務員說和隔壁點一樣的吧。誰知道等菜上來的時候懊惱不已，因為隔壁點了一道他最討厭的菜，頓時心情大跌。

這只是生活中很常見的一件小事，從這一件小事上就能看到一個人的主見程度，盲從之後的結果不一定是好的。

一艘遊船上，有來自於各個國家的商人，正在舉行一場多邊貿易的洽談會。這個時候，意外發生了，遊船開始緩緩下沉。船長馬上委派副船長去做好應急措施，讓商人們都穿好救生衣，準備跳船。可是副船長費了半天的力氣勸說，眾人只是一片驚慌，就是不敢跳海，沒辦法，船長只能親自來勸說。

沒想到，眾人聽了他的話紛紛棄船而去。副船長吃驚地詢問船長是如何做到的，船長微微一笑：「非常簡單，對於英國人，我說跳水是一項利於身體健康的運動；告訴法國人，這樣做是非常時尚的一件事；對於德國人，我告訴他們必須服從這個命令；對於美國人，我說你們都有保險，為什麼不跳；最後到中國人那裡，我告訴他們，不跳船逃命，家裡的父母誰來養。」

這個船長相當於企業中的職業經理人，在遇到問題的時候需要用最快、最好、最有效的方式執行。顯然，只有一腔熱情是遠遠不夠的，船長之所以能成功地將船上不同國家的商人說服，是因為他靈活利用了經濟學當中的一個詞彙——差異化管理。各國商人所存在的差異是顯而易見的，用相同的方式解決將很難達到目的。這從另一個方面說明，這些商人都不會盲目地跟從，都有自己的想法。

這個故事也許有些誇張，這個我們可以不去追究，但在現實生活中我們盲目跟從的還是大有人在。盲目地去跟隨他人，肯定會失去自我，失去思考的空間，一味跟隨他人的腳步，生活也不會有半點樂趣可言。

在求職面試過程中，人常常都會犯一個同樣的錯誤，就是不能做真正的自己，一味地揣測、附和考官的心態，總是想對方要的答案是什麼，怎樣才能將這道題回答得接近完美。

其實，面試你的人心裡早有一把尺子，衡量你做真正的自己的尺度，是否能秉持本性來工作，而不是在這裡敷衍了事。因為工作當中，如果你表現出來的是另一種面貌，那麼你得到的結果也一樣是被炒魷魚。堅持做最出色、最真實的自己，永遠不要隨波逐流，否定自己來承認他人的做法是最愚昧無知的。**如果連你都懷疑自己了，那麼還會有誰來肯定你呢？**

一定要去拓展自己的知識面，成功者的經驗我們可以學習，但是如果照本宣科的話不一定適合你。給自己多一些信心，遇到事情，別人的意見可以參考，但是不能要別人做決定，培養自己的獨立自主意識。

在追逐夢想的過程中，當初的設想總會與現實有些格格不入，但是你不能為了迎合大眾而改變自己，遇到事情首先要做的是思考而不是盲從。

別人那麼多，你又能討好得了幾個人

生活中，可能會有這樣的人——他絕對是眾人眼中的老好人，每個人說起他來都是點頭稱讚，對待家人從來都是任勞任怨無微不至，對待自己的朋友也是真誠相待，哪怕他對待一個路上遇到的陌生人，也會盡自己最大的努力去幫助別人。他從不會因為自己所受的辛苦和委屈而有任何抱怨。

這種人似乎很完美，因為他有這麼一顆善良無私的心。但是心理學家認為，這種對他人過分友善的行為可能是一種病態。工作中，我們肯定有去討好某個人的時候，特別是在領導面前，行為舉止也大多會在意領導的眼光，辦公室裡常常會上演在老闆面前點頭哈腰的一幕。

但是那種一味只想著去取悅他人的人，也要為此付出昂貴的代價。這種人似乎總是處於一種不安全的狀態，不相信自己，他們不能承受生活帶給自己的壓力和失敗，而且討好他人的時間越長，就會越感到自己被孤立。就像巴巴內爾在他的《揭開友善的面具》一書中寫道：「極端無私是一種用來掩蓋一系列心理和情感問題的性格特徵。」

工作中討好他人的手段肯定是需要的，因為一個人能力超群並不代表這個人就一定能得到老闆的青睞，你的能力比他人強只能說明你是一個好員工，一個優秀的工作人員。老闆會賞識你的工作能力，但是會不會器重你，還要綜合其他因素，比如你的人格魅力。

我的一個朋友小王家裡很有錢，大學畢業進了一家貿易公司工作。她自身條件其實很優越，但因為從小對出口貿易感興趣，才找到了這家公司入職。

剛進公司時，小王表現得異常熱情，對每個同事非常有禮貌。出於對同事的尊重，小王每次有什麼問題要請教的時候，總會熱忱地稱對方為「老師」，因為她覺得這是對他人最大的尊重。但是同事們都覺得這個稱呼非常彆扭。

有一天，小王為了答謝多日來同事們對她工作上的幫助，決定請他們吃飯。同事們都以為就是普通的飯館之類，沒想到居然是一家五星級的大飯店，這讓同事們都面面相覷，驚訝得不行。結帳的時候，服務員給了小王一張接近三千元（約一萬五千元台幣）的帳單，小王二話不說直接付錢，在座的同事覺得這頓飯太貴，都不好意思了。

出了飯店時間還早，小王又說請大家去 KTV 唱歌，但是同事們聽了都連連搖手，以各種藉口推辭離開了。

在以後的日子裡，小王每天都會給他們帶來各種各樣的小禮物，每次送的東西都不便宜。同事們自然也不好意思一直收她的禮物，也不好拒絕，於是只能又買了東西還禮。漸漸地，小王的這個舉動讓周圍的人越來越反感，後來到了只要小王說要買什麼東西大家都直接拒絕她，而且還和她保持一定的距離。

遭到周圍人冷落的小王，心裡十分納悶，她對每個人都這麼好，為什麼大家對她是這種態度呢？

其實，小王不知道，工作中重要的不是如何去討好他人，而是怎樣去提高自己。如果你只知道盲目地去討好周圍的人，反而會失去周圍人對你的尊重。

你去討好這個人的時候，也就證明了你不如這個人。與其這樣不情願地討好別人，不如將更多的時間花在強大自身上。

討好他人也需要靈活使用，不是對誰都一味奉承，你將自己的尊嚴都丟棄了，還指望誰會來尊重你呢？這些人只會覺得你就是一個沒有能力的人，一個只會卑躬屈膝沒有自我的人。所以，討好他人一定要慎重。

不懂審視自己，才讓內心的迷惘遮掩了心智

國學大師錢穆在其《人生十論》中說：「每個生命都是圓滿的、純真的，這就是佛教中所說的『如來藏』。『如來藏』的意思是從娘胎裡面所帶來的覺悟性，但是世人卻不知道這個覺悟性的可貴，一味地向外處尋找，最終使自己長久地處於迷惘之中，不知所向。」

他的意思是說，每個人自身都是一座取之不盡、用之不竭的寶藏，它就存在於人的本性之中。只不過迷惘的人不知道自己竟然如此富有，反而一味地向別人乞討。就好比我們在做學生的過程中，剛開始時需要老師指引，一旦老師把方法教給你，剩下的就要靠自己的領悟能力去尋找答案了。如果你一味地指望老師的指導，不懂得淡定地審視自己，主動去開啟自己的智慧，那麼，你的內心就一定是迷惘的。

有一位乞丐，衣衫襤褸地在路邊靠行乞生活了三十多年。

一位陌生人經過，這位乞丐就機械地舉起他的行乞杯子，可憐兮兮地說：「行行好，給點兒錢吧。」陌生人就問道：「我沒有錢，也沒有什麼東西可以給你。」然後看看他的身後，便問道，「你坐著的箱子裡是什麼東西呢？」

乞丐回答說：「從我記事起，我就一直坐在它上面，只是一個舊箱子而已，裡面什麼也沒有。」

陌生人問道：「你沒打開過箱子嗎？為什麼不打開看看裡面是什麼呢？」

乞丐這樣回答道：「不用打開了，裡面什麼也沒有！」陌生人堅持道：「打開看一看吧！」

乞丐這才試著慢慢地打開鎖在箱子上的生銹的鎖，令人意想不到的事情發生了，箱子裡面裝滿了錢物。

乞丐行乞三十多年，因為沒有停下來檢討一下自己的行乞行為，使自己的人生過得極為悲慘。如果他能用一點點時間來審視自我，審視自己擁有的東西，也就不會迷惘地在人群中行乞了。

芸芸眾生何嘗不是如此，因為不懂得審視自己，所以才讓內心的迷惘遮掩了心智，從而忘掉自己的本心、本性原來如此富足。然後，又讓自己忙忙碌碌、糊里糊塗、窮困潦倒地奔波在人生的道路上。所以，**我們要審視自身的本心、本性，發掘自身潛藏的無窮智慧。**

有這樣一則故事：

一個窮困潦倒的青年人前去拜訪自己以前的一位顯貴朋友。

他的朋友看到他，極為憐憫他的潦倒，就熱情地款待了他，他也極為高興，喝得酩酊大醉，並在酒席上酣然睡去。但是不巧的是，這位朋友剛好有急事，需要出一次遠門，眼看著自己的朋友醉得人事不省，就只好將一顆價值連城的珠寶放在他的衣服裡，然後匆匆忙忙就離開了。

這個窮青年當時正在酣睡，所以根本不知道這件事。第二天，窮青年起來後找不到朋友，自己也起身離開了。

幾年以後，這個窮青年依然一貧如洗，過著漂泊流浪的生活。後來，一個極為偶然的機會，他又遇到了自己那位富有的朋友。朋友看到他還是如此潦倒不堪，衣衫襤褸，禁不住含淚歎道：「你怎麼這麼可憐呢？你的衣服中有一顆昂貴的珠寶，為什麼還一直流落街頭？」

窮青年聽了異常驚訝。朋友便讓他在身上翻找，果然在衣服裡面找到了那顆縫在夾層裡的珠寶。從此以後，他結束了流浪的日子，置了田，買了房，過上了富有而且快樂的生活。

在這裡，「衣珠」象徵人本心、本性的智慧，而富有朋友則象徵人的生命。眾生被迷惘的心智遮蔽，以至於從不去體察自己，認識自己，最終會使自己更為迷惘，會使靈魂更為悲慘。就如佛家所云：「衣珠歷歷分明，只管伶俜飄蕩。」因愚昧而忘卻了自己原本珍貴的「衣珠」是人生極大的迷惘，它使原本自足的人生產生了眾多的缺憾。我們只有認識到生命中原本具有的「衣珠」，勇於開啟自己的智慧，主動體察自身，才能使生命結束迷惘，獲得圓滿自足。

做人最重要的是能夠清醒地認識自己，發掘自身的潛能，並有勇氣和魄力去把它激發出來。如果一個人連自己是誰都不知道，連自己存在的價值都感到迷茫，你又將如何在生活當中尋找快樂呢？

對付流言蜚語最好的方式：做好自己往前走

魯迅在《並非閒話》一文中曾經寫道：「對於謠言，我是不會懊惱的，如果懊惱，每月都得懊惱幾回，也未必能活到現在了。」謠言止於智者，那些正直聰慧的人是不會被謊話所蒙蔽的，而製造傳播流言者大都是一些心靈不夠陽光的陰險之人。既然如此，我們又何必太在意這些人的說辭，身正不怕影子斜，做好自己該做的事，讓那些流言蜚語都見鬼去吧！

俗話說，誰人背後不說人，誰人背後無人說。隨著網路的迅速發展，各種流言蜚語在虛擬的世界裡肆意傳播。歌星楊坤被謠傳「吸毒被抓」，武俠小說泰斗金庸被「去世」二十餘次，央視節目主持人白岩松被「辭職」的虛假新聞在網路上比比皆是。

這些謠言本都是些無中生有、歪曲事實的謊言，造成的傷害卻不容小覷。中國無聲電影的代表人物阮玲玉深受流言所害，因為情感的變故，一些關於她盜取錢財、不守婦道、三角戀愛的污蔑和謾罵不絕於耳，最終摧毀了她的意志，在事業最輝煌時期選擇了自殺，留下了「人言可畏」的四字遺書。

我們無意討論遺書的真偽，但是流言蜚語的殺傷力之強、危害之大，可見一斑。一個人的誤解，就足以讓我們感到委屈，更何況是鋪天蓋地的無端指責和惡意污蔑呢。我們沒有辦法管別人怎麼說，我們只能選擇在面對流言時的態度，是置之不理，還是自我毀滅。

我嫂子是我們這邊的中學老師，我聽她講過一個他們學校老師的事情。她有個同事叫李麗，除了日常的授課工作外，她還熱心公益，私下裡還義務幫貧困家庭的孩子輔導功課。

李麗在學校很受學生歡迎，每年都會被評為優秀教師，也因此遭到不少人妒忌。一個同事無意間知道了她在校外補課的事，便在背後詆毀她，說她背著學校長官在課外開補習課賺外快。結果，一傳十，十傳百，謠言竟也為眾人所相信，甚至學校長官還找李麗談了話。儘管她再三解釋，還讓她輔導過的孩子出面澄清，可是仍然沒人相信她。

後來，她家人也聽說這件事，起初也不相信，可是說的人多了便不能不信。丈夫懷疑她私藏小金庫，或是背著他有外遇，不然家教賺的錢為什麼沒交給家裡？百口莫辯的她幾近崩潰，每天精神恍惚，表情呆滯。她在學校的工作表現一落千丈，而家庭也走到了破碎邊緣。

越是優秀的人往往招致的流言越多，如果對這些流言耿耿於懷，不僅會影響生活和工作，也有可能釀成悲劇。我們生活中總有一些人，不思進取卻總躲在陰暗角落裡故意製造事端，蓄意中傷那些比他們優秀的人。此時，如果對這些魑魅魍魎太過在意，就恰好落入陰險的圈套。

做人就要出淤泥而不染，只要你問心無愧，只要你行得端、坐得正，就不需要把那些流言蜚語放在心裡。更為重要的是，即使你失望委屈，即使你用自我傷害的方式，依然堵不住這些人的嘴。**唯有做一個更好的自己才是對那些流言最有力的回擊。**

在美國，有一位女子得了一種怪病——馬凡氏綜合征及脂肪代謝障礙。她的身體無法儲存脂肪，體重只有二十六公斤，瘦得像一副骷髏。她右眼完全失明，各種生理缺陷不勝枚舉。

由於古怪的外表，她自幼就受到各種嘲諷和排擠。在十七歲時，她在社交網站上無意間發現一部短片《世上最醜的女人》，而女主角竟然是她自己。原來，有人把偷拍她的視頻放在了網上，並以「史上最醜女人」為噱頭來吸引網民關注。這部短片的點擊率很快就突破四百萬次，關於她的流言蜚語更是鋪天蓋地襲來：「為什麼她長成這樣父母還肯要她」、「用火燒死她」、「她應該自行了斷」……

她沒有在這些惡語中傷中選擇沉落，而是以網路力量以暴制暴。她申請了自己的社交帳號，在網路上分享自己的生活。訂閱人數瞬間超過了三十萬。她還把自己的經歷拍成紀錄片，不僅在網路上分享，還搬上電影院的大銀幕。除此之外，她力推國會通過首條反霸凌和污蔑法案，以此來保護那些和自己有相同遭遇的人，並希望通過這樣的方式讓他們重拾信心。

人活在世，被流言蜚語所傷在所難免，想讓自己收穫更多快樂，就不要在乎別人的說三道四。換言之，**別人對你的中傷，也恰恰說明了你的優秀和與眾不同。既然這樣，就不要讓他們失望，在沉默中積蓄力量，做一個無可非議的人。**

著名舞蹈家、脫口秀節目主持人金星在其散文集《擲地有聲》中有這樣一段話：「對付流言蜚語，最好的辦法就是向山頂上走。等你走到山頂了，他們的唾沫星子根本傷害不到你。」**一個人只要樂觀豁達，光明磊落，就不會被流言擊垮。如果你有笑看風雲的胸懷，有直沖雲霄的氣魄，那麼任何流言蜚語都奈何不了你。**

不要去羨慕別人，美好就會到來

每個人的生活都有著自己的劇情，都有著獨特的精彩。我們之所以覺得不幸福，就是因為我們總是在羨慕別人，總是覺得別人的生活才是自己真正想要的。當你以仰望的姿態，去垂涎不屬於你的幸福時，不僅察覺不到別人苦澀的一面，更無法體會那些你正擁有的甜蜜與美滿。

著名詩人卞之琳在《斷章》中這樣寫道：「你站在橋上看風景，看風景的人在樓上看你。明月裝飾了你的窗子，你裝飾了別人的夢。」人可以看風景，也可以成為風景；人可以看見明月裝飾了自己的窗子，也可能毫無察覺地成了別人夢境的裝飾。

不同的人生可以相互裝飾，不同的生活可以相互點綴。我們總是在羨慕別人，卻忘記了我們自己也會是別人羨慕的對象。那些因為緊盯著別人而被忽視的所有，也可能就是為別人所羨慕不已和夢寐以求的。

男人抱怨說，下輩子要做女人，可以不用出去打拼；女人抱怨說，下輩子要做男人，可以不用照顧家庭。普通人羨慕明星富豪，可以住別墅、開豪車，可以在聚光燈下光彩奪目；明星富豪又會羨慕那些平凡的人，可以過自己想要的生活，每天都能睡一個安穩覺。

殊不知，每個人都有著自己的缺憾、苦澀和辛酸，而我們所羨慕的往往都是別人光鮮的一面。假如有一天你真的能夠成為那些讓你羨慕的人，或許你就會發現，他們身上曾經讓你眼紅的東西其實並沒有想像中美好。

有一部四分鐘的網路短片，在YouTube上突破了千萬的點擊量，有的網友甚至說這部短片徹底改變了他的人生態度。

一個衣衫襤褸的棕髮小男孩，穿著一雙已經露出腳趾的破舊鞋子。他因此遭到了周圍人的嘲笑：「這也算是鞋子？從哪撿來的？一定是垃圾桶吧！」

別人的嘲笑讓小男孩羞愧不已。他默默地來到了溪邊的小橋上。回來時，發現長椅上正坐著一個衣著光鮮的小男孩，腳上穿著一雙高檔的新球鞋。他低頭看了看自己從鞋子裡露出的半個腳掌，自尊心又一次受到傷害，於是找到一棵大樹，在樹下坐了下來。

他脫掉了鞋子，將它們套在手上，像是在操縱著兩個手偶一樣，自言自語地說：「為什麼我們會這樣，這不公平！」

「我知道，可是，我們什麼也改變不了！」

「我不想像現在這樣，我希望能像他一樣！」

小男孩閉上眼睛，心中反復地默念著：「我想像他一樣，我想像他一樣……」

也許是上帝聽到了他的心聲，奇跡真的發生了。當他重新睜開眼時，他和那個擁有新球鞋的小男孩竟然互換了身份，此時的他正坐在長椅上，腳上穿著一雙嶄新的高檔球鞋。

正當他為美夢成真而喜出望外的時候，一個老者推著一把輪椅來到了他身旁，親切而略帶憂傷地說：「親愛的，你準備好出去玩了嗎？」原來，那個擁有新球鞋的小男孩雙腿殘疾，只能靠著別人的幫助才能出行。此時，他後悔不已，可一切都已經遲了。

而不遠處的那個男孩雖然穿上了破鞋，卻興奮地奔跑著、歡笑著……

小男孩的遭遇又證明，再普通的人也有著足以讓別人羨慕的資本，只是自己沒有發現而已。當小男孩為自己破舊的鞋而沮喪時，有人還把行走當成一種奢望。而當他最後失去健全身體和生活自由時，一雙完美的新球鞋又有什麼意義？

幸福如水，冷暖自知。我們不要去羨慕別人的生活，珍惜眼前的一切，過好自己的生活才是重中之重。

眾所周知，非洲有很多優秀長跑運動員，包括哈利默父子。

在哈利默成名之前，他們生活得非常清苦。在其他國家的幫助下，他們家鄉的很多人種起了農作物或是做起了礦產生意，生活都得到了很大改善。可是，哈利默父子依舊過著貧寒的生活。在數年時間裡，父親一直帶著兒子專心練習著長跑。

儘管有很多人對父子倆說三道四，可他們卻不為所動，更不會去羨慕別人的生活，而是依舊執著於自己的夢想。後來，小哈利默果然成為一名優秀的長跑運動員，先後在非洲錦標賽和世界錦標賽上奪魁。當小哈利默出現在電視螢幕上的時候，那些曾經看不起他們的人都羨慕不已。

小哈利默在總結成功經驗時說，他之所以能夠取得成功，就是因為他和父親從來沒有理會過別人優越的生活，他們始終在努力做好自己的事。

羨慕別人往往是期待更加完美，期待自己的生活可以變得更好，但是不管我們如何努力，別人的生活我們永遠無法效仿。我們有著自己的境遇，有著自己的生活，按照我們特有的方式就足以創造出炫目的輝煌，何必去羨慕別人？

臺灣漫畫家幾米說過這樣一段話：「一個人總是仰望和羨慕著別人的幸福，一回頭，卻發現自己正被仰望和羨慕著，其實每個人都是幸福的。只是，你的幸福，常常在別人的眼裡。」你並非不幸福，只是你永遠活在別人的陰影裡。**當你勇敢地不再去羨慕別人時，生活中那些鮮有的美好也就會如期而至。**

相信自己，為心靈注入一劑強心針

世界上沒有一件事是「可能」的，也沒有一件事是「不可能」的，事情一開始誰都不知道結果怎樣，「李寧」的廣告詞說得好：「一切皆有可能。」即使我們真的碰到了「不可能」，也只是暫時沒有找到解決問題的方法而已。

人人都希望自己有一個成功的人生，但大多擁有負面情緒的人心裡卻持著這樣一個信念：大多數人是不可能成功的，成功是少數人的專利。並且敏感的人總愛把自己歸為那大多數人中。

仔細思考一下，你也在其中，你也這麼認為嗎？

如果真是這樣，你的內心已經被負面情緒佔據，你就懷疑自己的能力，甚至懷疑自己根本沒有能力去實現，「不可能」便成了你為各種障礙所找到的「合理」解釋，結果導致內心孱弱無力，即使你真有能力也可能不行。

難道真如我們所認為的，成功是「不可能」的嗎？事實上，是決心而不是環境在決定我們成功。成王敗寇完全取決於你自己。思想家愛默生說得好：「相信自己『能』，便攻無不克。」

決心決定態度；

態度決定行為；

行為決定結果。

的確，不管處於怎樣的境況，願意相信自己「能」、始終相信自己是一個成功者、認定自己是贏家、從來不懷疑自己的人，他們在不經意間給自己注入一針強心劑，最終，讓心願得償。

在一九五四年之前，人人都認為四分鐘跑完一公里根本就是不可能的事情。但英國選手羅傑．巴尼斯特卻將這個「不可能」的魔咒打破，終其原因就是因為他總是默默地對自己說：「是的，我能！」

瑞典人根德爾．哈格曾經在一九四五年跑出一公里費時四分零一秒零四的「極限」成績，此後八年沒人能夠打破這一紀錄。在這沉寂的八年中，就讀於牛津醫學院的羅傑．巴尼斯特發誓要突破四分鐘極限。儘管遭到了別人「不可能」的否定，巴尼斯特卻時常這樣告訴自己：「是的，我能！」他獨自堅持訓練著，風雨無阻。

終於在一九五四年五月六日，巴尼斯特打破了關於「極限」這個概念。當他打破這一紀錄時，現場的解說員這樣說道：「世界紀錄誕生了，三分五十九秒零四，巴尼斯特創造了人類壯舉，成為人類突破自身極限的永恆象徵。」

那一晚上，巴尼斯特出現在倫敦電視臺。對於自己的成就，他很淡然地說：「人類的精神就是永不服輸的精神，我深信自己能夠打破這個紀錄，並不斷地這樣暗示自己，久而久之便形成了極為強烈的信念，最終實現了這個『不可能』。」

因為始終相信自己，經常用「是的，我能」提醒自己。羅傑．巴尼斯特不畏懼困難，艱苦訓練，最終成功打破了世界紀錄，贏得了眾人的尊重和欣賞。人生如此，是何等灑脫、何等愜意。

「意焦」這個詞是心理學上的一個專業術語，「意焦」的意思就是注意的焦點。如果我們把注意力多放在「可能」上，就會想盡一切辦法解決困難，而不是「找藉口」，進而取得成功。

瑞恩．希裡傑克是加拿大一個普通的男孩，一天，這個一年級的小學生聽老師講述了非洲的生活狀況：因為貧窮，大多數非洲的孩子沒有玩具，他們的童年是在缺少食品和潔淨的飲水中度過的，更有甚者因為長期飲用不潔淨的水而死去……。一放學，他就迫不及待地衝進家，對媽媽說：「七十加元（約一千六百元台幣）就能幫非洲人打一口井，媽媽，您能給我七十加元嗎？」

「不，瑞恩，七十加元太多了。」媽媽告訴他，「我們家沒有這個負擔能力。」媽媽期待瑞恩淡忘這件事，但瑞恩每天睡覺前都祈禱能讓非洲人喝上潔淨的水。無奈之下，媽媽讓瑞恩在承擔正常家務之外自己掙錢，吸兩小時地毯掙兩加元，幫家裡擦玻璃賺兩加元，幫鄰居撿暴風雪後落下的樹枝……

四個月後，瑞恩終於攢夠了七十加元交給相關慈善機構，然而對方告訴他：挖一口井要兩千加元（約四萬七千元台幣），七十加元只夠買一個水泵。媽媽歎了口氣，對瑞恩說：「靠做家務怎能賺那麼多錢呢，孩子，你已經盡力了，但你真的不能改變什麼。」

「不，我能。」瑞恩態度堅決地說道，「只要每個人都做出努力，就能夠改變世界。」瑞恩思慮再三，決定找同學們幫忙，他在講桌上放了一隻水罐，讓大家把自己節省下來的零錢放進去，他還請求媽媽給家人和朋友發了電子郵件，很快便有人回信了：「我很感動，我想捐一些錢幫助瑞恩。」不久後，瑞恩的故事就被刊登在肯普特維爾的《前進報》上，題目就叫《瑞恩的井》。

就這樣，瑞恩的事蹟在加拿大廣為傳誦，受瑞恩的影響，人們紛紛加入「為非洲孩子挖一口水井」的活動中。五年過去了，這個夢想竟成為千百人的一項事業。也因此，在缺水最嚴重的烏干達地區，超過半數的人已經能喝上潔淨的水了，為此，媒體稱這個普通的男孩瑞恩為「加拿大的靈魂」。

因此，在做事情之前，我們一定要把「不可能」這種消極的心理暗示拋棄，利用「是的，我能」的暗示，反復激發自己的信心，將意焦集中在「可能」上，思考自己是否真的想盡了一切辦法、用盡了一切可能。「是的，我能」不是自信心爆棚的表現，更不是不切合實際的盲目樂觀，而是一種激勵自我戰勝困難的表現，從而保證自己以高昂的鬥志迎接各種困難和挑戰。

你想戰勝內心的負面情緒嗎？你想擁有無比強大的內力嗎？你想取得輝煌的成就嗎？那就在心裡多念幾次「是的，我能」將之運用到實際生活和工作中去，如此你會發現，你也可以成為內心強大的人，成功沒有什麼不可能。

無論做什麼，為自己就要毫無怨言

無論做什麼，記得是為自己而做，那就毫無怨言，這樣勵志的語言相信我們已經聽過很多很多。其實，在我們擁有這樣的心態之後，自身的氣場也會變得強大起來。比如我們在工作的時候，如果只是抱著應付差事的想法去做，就會給人一種懶散、不積極的感覺；而我們看到很多的老闆或者成功人士，他們在做某件事情的時候表現出的總是一種積極態度，而且他們似乎沒有任何怨言。同是做一份工作，為什麼會有這樣的差別呢？

主要原因就是，老闆在工作的時候總是想著這是為自己而做，這是自己的事情，而某些員工就不同，他關心的可能只是把分內的工作做完，關心的只是自己的待遇，這是兩種截然不同的立場。所以我們看到，那些老闆或者成功人士的氣場總是要比員工的強大。

李曉萍是一個平凡的女生，但有著不平凡的身世。她出生在農村，在自己剛出生時，母親由於難產離開了人世，之後她與父親以及有智力障礙的哥哥相依為命。在她十五歲的時候，由於一場車禍失去了自己的父親，從此家裡就只有她和哥哥兩個人了。

為了照顧哥哥的生活，她一個人做兩份工作，每天早出晚歸，省吃儉用，始終面帶笑容，沒有絲毫怨言。

一個老闆知道她的身世後，被一種無以言表的氣場深深地打動了，他問李曉萍：「你每天的工作都這麼累，生活的壓力還這麼大，難道你就沒有一點怨言嗎？」

李曉萍微笑著對自己的老闆說：「我的所作所為只是為了我自己，哥哥是我生命的一部分，我覺得我做的這一切都是應該的，談不上什麼怨言不怨言。」

是的，如果把每一件事都看成自己的事情，那麼在做的時候還會有什麼怨言呢？

在這個案例中，李曉萍面對強大的生活壓力，她沒有妥協，也沒有放棄，讓她毫無怨言地堅持下來的，就是把照顧哥哥看成自己的事情。因為李曉萍沒有怨言地堅持向老闆展示出一個很不一樣的氣場，才會打動老闆。

人生總是要經歷波折後才能登上高峰。但是有時候，可能經歷了很多低谷，也不一定會踏入輝煌，這時人們難免會產生一些怨言。要知道，沒有人能夠預料到會發生什麼。對於那些內心強大的人來說，他們所看到的並非只一件事情是否成功，他們會認為，無論做什麼，只要是為自己而做，就毫無怨言。所以，他們總是擁有一個平和的心態，正是這個平和的心態讓他們的內心變得強大。

一個人生存在世界上，總是要有自己的目標，但並非所有人都能夠順利實現目標。夢想總歸是夢想，放在現實中很容易大打折扣。不管失敗還是成功，在這個時候，你是否注意到，那些沒有怨言的人總是彰顯出一種不可被打敗的氣場？因為他們明白，無論做什麼，都是在為自己而做，怨言也就隨之消失，隨之而來的是個人強大氣場的養成。

有一個學問頗深的學者在外面散步，走到一個十字路口時遇見了一個愁眉苦臉的員警，學者就問員警：「員警先生，你為什麼這麼不高興呢？」

員警說：「我每天這麼辛苦地在這裡指揮交通，可是只能得到一百元（約五百元台幣）的報酬，這樣的工作真是讓我受不了。」

這時走過來一個拿著清潔工具的清潔工。學者看到這個清潔工一臉的笑容，頓時覺得自己的心情也開朗了許多，便問這位清潔工：「你一天能賺多少錢呢？」

「一天五十元（約兩百五十元台幣）。」清潔工回答。

「你一天才拿五十元，為什麼每天還這麼高興呢？」學者奇怪地問。

「這是我的本職工作，而且做得好的話，我還可以拿更多的獎金，讓我過上幸福的生活，這都是為了我自己，還有什麼不高興的呢？」清潔工回答道。

員警聽到後鄙視地說道：「只有沒出息的人才會做這份工作。」

學者說：「你錯了，他做的工作是快樂的，因為他沒有怨言，所以臉上的笑容足以吸引很多人。而你總是認為自己在為別人工作，你心裡產生了太多的抱怨，臉上沒有了笑容，也就失去了吸引力。」

其實案例中所說的吸引力就是一個人的氣場，氣場強大的人對於任何人總是具有很強的吸引力。員警由於沒有把工作當成自己的事情去做，因此產生了很多抱怨，也就沒有了氣場。試想一下，一個微笑的人和一個滿臉怨氣的人站在你面前，你更願意和誰接觸呢？毫無疑問，每一個人都願意和具有甜美微笑的人打交道，這就是氣場的魅力。

無論做什麼，記得是為自己而做，那就毫無怨言。這句話看似輕巧，但又有多少人能真正明白其中的道理呢？在這個世界上，當我們面對困難的時候，我們是否總是帶著抱怨和怒氣去做呢？我們是否真正能夠靜下來想一想，做這樣的事情，究竟是為了誰？一個冠冕堂皇的藉口總是讓人喪氣，而一個真實的目的總是讓我們充滿力量。

PART 4

別把簡單的問題複雜化：為情緒統統做個減法

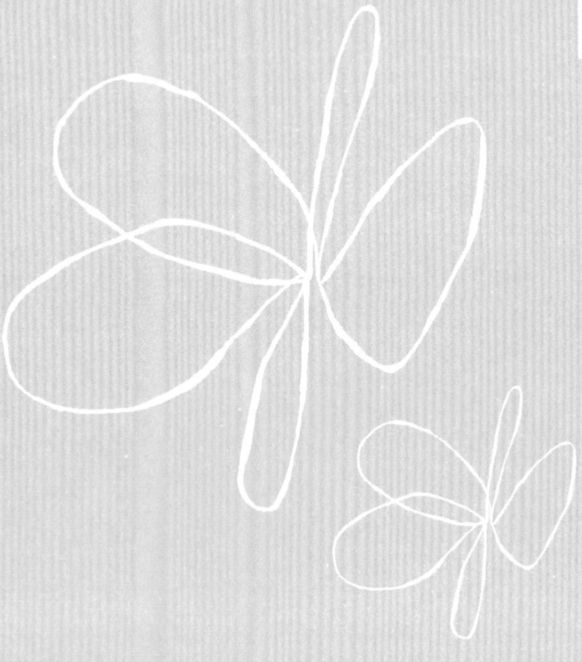

- 把過去統統拋棄，做最開心的自己
- 有了寬容，才能克服不良的情緒
- 別和自己較勁，活出你的灑脫與淡定
- 用寧靜平和的心態，對待人生的起伏
- 主動吃點虧，以後的路還很長
- 順其自然，隨遇而安
- 發現生活中的那些美好，才能體會到真正的幸福
- 忙裡偷閒，才能夠走更遠的路

把過去統統拋棄，做最開心的自己

人生中，總是會感覺到有一些事情牽絆著我們，也總是無法放下一些事情，很多的東西讓我們看不開，使我們心情沮喪。其實，只要仔細琢磨一下，我們的人生中並沒有多少事情是真正的麻煩，也沒有什麼事情真的可以讓人手足無措，只要我們擁有一顆淡然的心，能夠放下自己心裡的執念，那麼就沒有什麼事情能夠牽絆住我們，也沒有什麼事情能夠左右我們的情緒。

心誠則靈，放開執念會更輕鬆。很多時候，我們總是告誡自己遇到事情的時候要看開一些，但是有一句話說出了我們的真實情況，那就是「事不關己，高高掛起；事若關己，內心則亂」。面對發生在他人身上的事情，我們尚能做個局外人，保持清醒的頭腦。一旦事情發生在自己身上，那麼自己曾經引以為傲的定力估計都會消失在九霄雲外。這就是因為我們的執著，我們所謂的看得開，其實不是真正看得開，真正看得開是一種釋懷，是出自心靈深處的放鬆。

其實在我們的生命中，很多時候我們都會執著於一件事情上，對於我們無法得到的東西總是抱有不切實際的幻想。有時候甚至為了得到那樣東西，做到那件事情，即使弄得頭破血流也執意而為，但最後的結局往往是不盡如人意的，那就是在一無所獲的情況下，反而白白地浪費掉了自己的努力或者青春。這是為什麼？為什麼我們總是喜歡執著於那些東西，難道那些東西在我們的生命中真的是無可替代的嗎？不，有時候我們執著的並不是那些東西本身，而是那一顆已經陷入執念漩渦中的心。所以，如果我們能敞開自己的胸懷，放下那顆執著的心，那麼我們的人生就不會有那麼多悲傷，我們的生命中也就不會充滿難以驅散的迷茫，當然生活也就不會有那麼大的壓力、那麼多的彷徨。

有這樣一個故事：

安迪森遭遇了前所未有的不幸，股市的狂跌使得他半生積攢下來的財富在一夜之間消失殆盡。這個現實讓安迪森無法接受，他感覺自己幾乎無時無刻不被悲觀、絕望包圍著。一天晚上，安迪森沮喪地在一座大橋上徘徊。望著橋下奔流的河水，他似乎聽到有一個聲音在對他說：「跳下去吧，跳下去吧，只要向前多邁一步，一切就都解脫了。」

就在這時，安迪森忽然聽見不遠處傳來了一陣低低的哭泣聲。他順著聲音找了過去，發現一位女子正俯身趴在不遠處的欄杆上，看樣子，她哭得很傷心。看到這樣傷心的人，安迪森暫時忘了自己的痛苦，走上前去問：「小姐，恕我冒昧，請問你哭得這麼傷心，是發生了什麼事嗎？」女子轉過頭，看見安迪森一臉友善，便向她訴說自己的不幸遭遇。原來，這位女子被和自己相愛多年的男友拋棄了，於是便覺得人生從此失去了意義。

安迪森聽後，不禁笑了起來，說道：「原來只是這樣，那你完全沒有必要這樣難過，回想一下，在你沒有和這位拋棄你的男友結識之前，你不是也曾活得好好的嗎？」女子聽了安迪森的話，似乎茅塞頓開，於是她迅速擦乾眼淚並露出了笑容：「我懂了，謝謝你，以後我一定不再為了這個而難過了，我會好好珍惜自己的。」說完，還十分誠懇地向安迪森深深鞠了一躬。

望著女子漸漸遠去的背影，安迪森也回想起了自己的日子。我在安慰別人的時候那麼理智清醒，而換到自己頭上呢？想當初，我不也是兩手空空嗎？如今，只不過是重頭來過罷了。

於是，安迪森帶著一身輕鬆回到了家。第二天，便滿心歡喜地去了阿拉斯加。他憑著自己的信心和毅力，對當地的地質情況進行了深入分析，並在別的石油公司撤走之後，接手了廢棄的鑽井，繼續開採石油。沒過多久，安迪森就將炒股失去的錢再次賺了回來。

有人說過，過去的就讓它過去，就像雲煙會隨風飄散一樣。我們不應該沉浸在過去已經發生而且無法改變的事情當中，那只是昔日的惆悵或者輝煌。無論何時，我們都應該相信，時間確實是可以沖淡一切的藥品。不管你曾體驗過的是辛酸苦辣、肝腸寸斷的困境，還是曾擁有過何等輝煌的事蹟，都會在歲月的流逝中漸漸被磨平。所以，我們根本沒有必要被往事束縛，讓自己過多地沉浸在或甘或苦的回憶中。佛說，執著是苦。把那早該埋葬的是是非非從殘碎的記憶中抽出來埋葬掉，反而會成全另一份美麗。

人生一世，升沉不過一陣秋風。升是指人生處在上升期，這個時候感到春風得意、意氣風發是再自然不過的，只要你掌握好分寸，適當表達這些情緒能夠從中體會到自我價值的實現，得到一定的心理滿足感。沉則是指人生處在低谷期，這時如果長時間深陷在情緒低迷、自我否定之中，則不僅不利於走出陰鬱，更加不利於今後的發展，想不開走不出來，不能自我調節到情緒平衡，保證自身情緒的穩定性，那麼如何去做好其他事情呢？

將過去的一切放開，輕鬆地做回自己，讓自己過得更加開心，更加快樂。凡事沒必要太過執著，否則只會讓我們感到疲累。只要我們肯放開執念，放下牽絆，那麼我們的生活會更輕鬆，人生也會更幸福。

有了寬容，才能克服不良的情緒

我們在生活中，不太容易原諒別人，尤其是那些曾經傷害過我們的人。說不定在昨天或者很久以前，他無意中傷害了我們的心，於是我們便久久不能釋懷。可是，不原諒又有什麼用呢？仇恨只能讓你變成一隻作繭自縛的蠶，將自己束縛在吐出的煩惱絲之中。

曾經有位哲學家說過，原諒是堵住痛苦的唯一方法。唯有原諒他人，才能讓自己的心情更舒暢。冤冤相報何時了，這樣做完全解決不了問題，只能讓雙方陷入永久的痛苦中，而寬容才能治癒這種內心的傷痛。

海格力斯是古希臘神話中的一位大英雄。一天，他在崎嶇的山路中踩到了一個東西，這個東西阻礙了他的去路，他惱羞成怒，想把這個東西踩死。可是意想不到的是，這個東西非但沒死而且越來越大，最後擋住了所有去路。

有位智者在這個時候突然走出來說道：「不要踢它，你要遠離它，甚至不許記住它！因為它叫仇恨，你忘記它的話，它就會像當初一樣小；你侵犯它，它就會膨脹起來，擋住你的路，與你敵對到底！」

仇恨和敵意讓我們與周圍的人築起了一條溝渠，寬容和善良則是跨越溝渠的橋樑。待人寬容是一種美好的品質，寬容了別人的同時也給自己留下了舒緩的空間。

有實驗證明，寬容還有利於我們的身心健康，幫助我們排解一些負面情緒。專家先讓接受實驗者用寬容的心態去回憶一個曾經受傷害的場面，然後再用非寬容的心態去回憶同樣的場景。結果表明，接受實驗者在非寬容期的平均心率從每分鐘六十五次增加到每分鐘八十次，血壓也隨之升高了。此外，美國斯坦福大學曾經做過《斯坦福寬容計畫》，通過實驗發現，所有參加計畫的人中，有百分之七十的人受傷害感明顯降低，百分之二十點三的人表示因怨恨帶來的身體不適症也有所減輕。

教育家霍姆林斯基曾經說過：「有時寬容引起的道德震動比懲罰更強烈。」寬容有時是一種藝術的懲戒，一種無聲的教育，在說明犯錯誤的人改正錯誤的同時，還能維護對方的自尊。

如果你無法原諒傷害你的人，而是一味地怨恨，那最終會讓自己未老先衰，失去幸福。曾經有人將怨恨比喻為「一條環抱在胸前的毒蛇」，認為它惡意的毒液會傷害到你，甚至結束你的生命。所以，為了自己的幸福和快樂，我們也應該把怨恨的情緒丟開，試著去接受對方。就像一位哲人所講的那樣：「懷著愛心吃青菜要比帶著憤怒吃海鮮強得多。」

有了寬容，才能克服不良的情緒，才能做到心態平和，不再有嫉妒心。這是一種良好的生活態度，並且是一個人美好的個性品質。

一天看到這樣一個新聞，非常好笑：

一輛公共汽車上，一個外地年輕人手裡拿著一張地圖研究了半天，問售票員：「去××應該在哪兒下車啊？」售票員是個年輕女生，正剔著指甲，頭也不抬地說：「你坐錯方向了，應該到對面往回坐。」這話也沒什麼，錯了就坐回去啊，但她多說了一句，「拿著地圖都看不明白，還看什麼勁啊！」

旁邊有個老先生聽不下去了，對年輕人說：「你不用往回坐，再往前坐四站換九〇四號公車也能到。」要是他說到這也就算了，既幫助了對方也樹立了好市民的形象，可是他又說了一句話，「現在的年輕人啊，沒一個有教養的！」

車上的年輕人很多，打擊面太大了吧！旁邊有個女孩子就忍不住了：「老先生，沒教養的畢竟是少數嘛，您這麼一說我們都成什麼了！」說完她又多了一句話，「您這樣上了年紀的，看著挺慈祥，但卻是一肚子壞心眼啊！」

一個中年大姐冒了出來：「你這個女孩子怎麼能這麼跟老人講話，你對你父母也這麼說話嗎？」女孩子立刻不吭聲，大姐見狀又多說了一句，「瞧你那樣，估計你父母也管不了你。」接著，兩人吵成了一團。

「都別吵了！」售票員說道，接著她又多說了一句，「要吵統統給我下車吵去，煩不煩啊！」

整個車廂立刻炸了鍋，乘客分成幾波，罵售票員的，罵女孩子的，罵中年大姐的……

大文學家維吉爾曾這樣告誡人們：「無論遇到什麼事，命運終將被忍耐戰勝。無論發生什麼事情，我們都應該首先考慮退步忍讓。」在現實生活中，每個人都不可避免地要和別人交往，交往則免不了碰碰撞撞。此時，大家若不知忍讓，不去克制，與對方撕破臉皮，那麼很可能小事變大，麻煩不斷。

「小氣者斤斤計較，常戚戚。大氣者大開大合，坦蕩蕩。」一個人有了退讓，就不會被認為是一介粗魯的武夫；有了退讓，就會有廣闊的人緣和未來。換句話說，**如果想培養一份大氣之美，想擁有更好的生活和未來，你就得學會適時適當地讓步。**

《菜根譚》曰：徑路窄處，留一步與人行；滋味濃的，減三分讓人嘗。凡事讓步，表面上看好像是損失，但事實上由此獲得的必然比失去的多。

別和自己較勁，活出你的灑脫與淡定

面對同樣的事，為什麼有的人能夠應付自如，輕鬆瀟灑，自己卻總是力不從心，屢屢受挫？

其實，那些活得輕鬆自如、灑脫淡定的人，並非由於他們的無可挑剔而有如此成就，而是由於他們能夠把握住「進退」的界限。當面臨「不可進」的情形時，他們懂得退後一步，然後再換一個角度想辦法讓自己前進。這樣一來，成功就不是那麼複雜和困難，而我們的人生也不必如此糾結。

一位登山運動員參加了攀登世界第一高峰——珠穆朗瑪峰的活動。我們知道，珠峰最高海拔為八千多公尺，當這位運動員在爬到六千多公尺時，由於身體出現了不適，便放棄攀爬。

很多朋友都為其表示遺憾，這個說：「哎呀，你都已經走了四分之三的路程了，為什麼要放棄呢？」那個說：「如果能咬緊牙關挺住，再堅持一下，或許就上去了。要知道，有多少人夢寐以求站在珠穆朗瑪峰上啊！」

面對眾人的惋惜之情，這位運動員卻不以為然，他平靜地對大家說：「其實，我心裡很清楚，六千多米對我來講已經是我登山生涯的最高點，根據我當時的身體狀況而言，那已經是極限了。如果我繼續爬，那麼很可能會喪失性命。難道我會和自己的生命開玩笑嗎？所以，對於中途退卻，我一點都沒有感到遺憾。」

這位運動員的話確實很有道理，而他的做法也值得我們學習。**當我們到達一定程度，無法再前進，或者再向前走很可能會讓自己慘不忍睹時，不妨退一步，才是明智的選擇！**

換句話說，每個人每件事都存在一定的極限，我們不能掰著柳樹要棗吃，也不能明知山有虎偏向虎山行。雖說突破自我很有必要，但是這種突破並不是建立在魯莽和無知的基礎之上的。美國總統林肯曾經說過這樣一句話：「自然界裡的噴泉，其噴發的高度不會超過它的源頭。」這句話的意思就是，事物本身存在著突破口，但並非任何人都能夠穿過突破口，創造極限。也就是說，每個人都有最大的承受能力。像案例中的這位登山運動員，他懂得自己的生命所能承受的極限，因此淡然自若地做自己能做的事。這樣做，誰又能說他不是一位勝利者呢！

「當行則行，當止則止」，要告誡我們的正是這樣一個道理。

聰明的做法是，我們要及時瞭解自己的能力，承認自己的不足。在此基礎上，我們才能做到量力而行，不莽撞，不遺憾。

幼年時期的格裡格・洛加尼斯是一個十分害羞的男孩，又因為他說話有些口吃，所以在閱讀與講話方面不盡如人意，一度被歸為差學生的行列。

不過，洛加尼斯是一個很聰明的孩子，小學還沒畢業的時候，他就發現了自己在運動方面強於他人，而這是他特有的天賦。認清這點後，洛加尼斯減輕了一些自責，並開始專注於舞蹈、雜技、體操和跳水方面的鍛煉，由於自身的天賦和努力，洛加尼斯果然開始在各種體育比賽中嶄露頭角。

可是，升入中學後，洛加尼斯發現自己有些力不從心了，因為無論是舞蹈、雜技、體操、跳水，都需要辛勤付出，他不可能有這麼多時間和精力去做這麼多事，常常感到力不從心，而且這些事情自己僅僅能做到差不多，離優秀還有一段距離。

後來，在恩師喬恩，前奧運會跳水冠軍的指點下，洛加尼斯認識到自己在跳水方面更有天賦，便接受了跳水專業訓練。

經過長期的努力，洛加尼斯終於在跳水方面取得驕人的成就：十六歲成為美國奧運會代表團成員，二十八歲時已獲得六個世界冠軍、三枚奧運會獎牌、三個世界盃和許多其他獎項；一九八七年作為世界最佳運動員獲得歐文斯獎，達到了一個運動員榮譽的頂峰。

很為洛加尼斯感到慶幸，他沒有一味地在某一方面和自己較勁，而是選擇了另闢蹊徑的做法。不難想像，如果在學習上與別人競爭，那麼到現在他或許也只是個普普通通的人。因此，我們說，洛加尼斯是幸運的，而他的幸運是建立在自己懂得取捨、懂得退讓的基礎之上的。

由此可見，無論我們身在職場，還是馳騁商界，都不要不知變通，適當地退一步，或許就能看到別的可以前進的道路，任何時候都不要忘了條條大路通羅馬。只要我們能最大限度地發掘自己的長處，就能收穫內心的充實和坦蕩，擁有「非同尋常」的人生之旅，這樣的人生才稱得上精彩絕倫，不是嗎？

用寧靜平和的心態，對待人生的起伏

我們知道，在得到某件東西或某項成就之後，我們總不免有喜悅之情湧上心頭，而如果是失去某件東西或某項成績，那麼我們就會陷入深深的沮喪當中。成則喜，敗則憂，這是人之常情，任何人都不可避免。然而我們也知道，有成必然有敗，有得必然有失。一個人在成功和得到時可以縱情歡樂，但在失敗和失去時很少能夠將悲傷情緒合理排遣掉，這也就是我們看到一些人在股市崩盤之後選擇跳樓輕生的原因了。

《大腕》這部電影是馮小剛導演的著名作品，在劇中敘述的是北京青年尤優為國際大導演泰勒承辦葬禮的故事。因緣際會，尤優認識了國際名導演泰勒，並得到身體每況愈下的泰勒的承諾，替泰勒舉辦一場別開生面的葬禮。

為了把葬禮辦好，尤優找到好友路易王。在路易王的策劃下，兩人將泰勒的葬禮完全辦成了一場撈錢的表演。隨之在葬禮即將舉辦、兩人即將成為百萬富翁之際，卻得到了泰勒病情好轉的消息。尤優為此躲進了精神病院，路易王更是因受不了這心理落差的刺激，一下子瘋了。

劇中人終歸是表演，但道理確是很現實。我們的生活中充滿了贏得起輸不起的人，這些人在成功時不懂得收斂，以至於縱情聲色，失敗後又不懂得調節心緒，從而一蹶不振。這樣的人即便一時成功，也不可能保護好自己的成就。

那麼一個成熟的人應該怎樣看待成敗呢？《莊子》裡面有一句話：「得而不喜，失而不憂。」得到了不必狂喜，失去了也不必耿耿於懷、憂愁哀傷，無論是得是失，永遠保持一顆淡定超然的心，只有如此，才可以稱得上是一個做大事的人，才有權利享受上天賜予的成功人生。

得而不喜，失而不憂，是一種非常高的人生境界。擁有如此人生境界的人，相信無論是處於鐵瓦金鑾的朝堂，還是處於茅頂土坯的江湖，都能夠泰然處之。古代著名的醫學家李時珍就是一個這樣的人。

李時珍，蘄州人（今湖北省蘄春縣），明武宗正德年間生，因為家中世代行醫，李時珍從小就奠定了良好的醫學基礎。後來李時珍來到皇宮成了一名太醫。在太醫院，李時珍見到了人世間最富貴繁華的景象，接觸了人世間最顯赫高貴的人，然而這一切卻沒有令他沉醉，他明白自己要的是什麼，成為一名好醫生。

後在因緣際會之下，李時珍離開了皇宮。在離開皇宮之後，李時珍仍然可以過富貴的生活，然而他沒有那樣去做。他選擇深入民間，到那些最貧苦最卑賤的人當中噓寒問暖，救死扶傷。從朝堂到民間，從太醫到鄉土郎中，李時珍沒有任何不快，仍然一心一意地對待每一個病人，刻苦鑽研每一味藥方，親自嘗試每一種草藥。

幾十年如一日的堅持，終於讓李時珍實現了自己的抱負，他編撰了中華歷史上最偉大的一本醫書《本草綱目》，並因此載入史冊為後世所敬仰。

在當今社會，像李時珍這樣看淡得失的人已經越來越少了，也正因為如此，才使得我們這個社會算得上成功的人也越來越少。因為大多數人把自己的快樂和憂愁建立在得失之上，得到了就非常高興，一旦失去就過分憂慮，甚至為了少失去多得到，不惜犧牲自己的道德和尊嚴。

人之所以會那麼重視自己的得失，是因為我們已經將人生是否成功，完全與物質的得失等同看待。比如說，租房子住的人覺得有房子住的人比自己幸福，有房子住的人覺得住別墅的人比自己幸福，而住別墅的人也以為有些人比自己幸福。就是這樣，每個人都感覺自己是不幸福的。因此，每個人都拼命地去爭取更多的東西，讓自己生活得更加「幸福」。然而，物質的增加永遠不會讓我們的心靈得到滿足，反而會讓我們受到物質的負累。

佛家說「貪、嗔、癡、慢、疑」是五毒，論起對人心智的傷害，物質的貪婪是第一位的。一個貪婪而又沒有自控能力的人，即便獲得成功也不過是曇花一現。

一個沒有什麼財富的人，過著簡簡單單的生活，其人生未必不快樂、不充實。然而有一天他中了百萬大獎，一夜之間就暴富了。有了錢，自然就要想怎麼去花，一下子，他的欲望之門就被打開了。他不再精打細算地過日子，而是整天為去哪些高消費的餐廳發愁；他不再為每天上班幾點出發才能趕上公車而發愁，乾脆直接買了一輛轎車，他的生活完全改變了。

然而不久之後，因為過於膨脹的欲望，他中獎的錢慢慢被他揮霍一空，他再次過起了清貧的日子。然而，他的心再也感受不到以前那種簡單的快樂。因為他吃過了山珍海味，就不想再吃蘿蔔白菜了，他坐慣了轎車，就不想再擠公車了。但山珍海味和轎車畢竟已經成為過去，他只能陷入現實的苦惱中無法自拔。

其實他這種苦惱完全是自找的，試想，如果他一開始對暴富就保持一種良好的心態，那又怎麼會有這種情況發生呢？

我在一篇文章中就看到了一個心態很好的人：

某機關的一個小公務員，一直過著安分守己的日子。有一天，他閒來無事用兩元（約十元台幣）買了一張彩票，但沒想到他真的中了大獎。因為平時就喜歡跑車，於是他用獎金買了一輛跑車，整天開著車兜風。

然而有一天不幸來臨了，他的車子被盜了。朋友們得知消息後都怕他受不了這一打擊，便一起來安慰他。可是看著前來安慰自己的朋友們，他卻哈哈大笑地對朋友們說：「如果你們中有誰不小心丟了兩塊錢，會悲傷嗎？」眾人面面相覷。他接著說，「我用兩塊錢買了彩票，然後得到了車，現在車丟了，不就是兩塊錢的損失嗎？」

一反一正，這位小職員的心態值得我們所有人學習。其實，**人這一生的寵辱都是做給別人看的，跟自己並沒有太大的關係。自己過得幸福，才是人生的真諦。**「不以物喜，不以己悲」。得之，我幸；不得，我命。用這種寧靜平和的心態對待人生的起伏，無論是得還是失，我們都能夠描繪出美麗的人生篇章。

主動吃點虧，以後的路還很長

吃虧是一種比較高妙、有遠謀的處事方式。主動吃些小虧，可以幫你交到好朋友，幫你得到更大的利益。想請朋友幫你辦事，自己首先要吃點虧，這樣朋友會覺得欠你一個人情，才會更為盡心盡力地為你辦事。

吃虧是福。主動吃虧不僅是福，還是一種態度，一種品行，一種風範，更是一種淡然，一種樂觀，一種超凡。而被動吃虧是一種被迫接受的後果，一種不得已而為之。同樣是吃虧，卻有著很大的區別。

幾年前，表哥的一個朋友遇到難事，向表哥借六萬元（約三十萬元台幣）急用，說一個月後還表哥。但是，一個月後，他不但沒有還，還沒有解釋。那時，六萬元對表哥來說是一筆大數目。但表哥並沒有催他。表哥想，他肯定是有困難，一時還不了。可接下來的一個多月，他從不聯繫表哥。表哥非常清楚朋友的為人，他沒有聯繫表哥絕對不是故意不還，肯定是因為當時遇到了金錢上的困難。表哥想不能丟掉這個朋友，必須儘快解決此事。

幾天後，恰逢表哥朋友的女兒過百天生日，表哥主動打電話告訴朋友，那六萬元就當是送給他女兒的紅包，不用還了。朋友試圖拒絕，但表哥語氣堅決，朋友最終接受。親戚都覺得表哥在這個事上吃了大虧，哪有給小孩子紅包一下給六萬的？給一萬的紅包就很不錯了，留五萬讓對方日後還，如果他總不還，就起訴他。聽到這一切，表哥只能笑笑。

最後，讓表哥沒想到的是，此後數年，表哥這位朋友有什麼好事就想著表哥，尤其是賺錢而且不需要他投資的專案合作，一有機會就找表哥。為此，表哥賺到的錢遠遠超出幾萬元。而且，朋友總跟表哥說：「你是我一輩子的朋友。」

試想，如果當初為了那區區的幾萬元，表哥天天催他還款，甚至起訴，不僅朋友沒得做，還會帶來無窮的煩惱，即便是很快要回了錢，快樂也必定會遠離表哥的生活。

在你主動吃虧時，你就成了施予者，而對方就成了得到你恩惠的接受者。表面上來看，是你吃了虧，對方得了利益。然而，對方卻欠了你一個人情，情感的天平已經向你傾斜，你與對方就有了更深的情意。

當然，「虧」也不能亂吃，要講究方式方法的。有的人為了相安無事去吃虧，吃暗虧，最後會給自己帶來很嚴重的後果。而且這個虧，我們要吃在明處，要讓對方清楚地看到，自己為他付出的努力。只有這樣，對方才能銘記你對他的好。

只要留心觀察我們的生活，就會發現「主動吃虧」是一個非常哲學的處世原則。現實中，經常會有一些好貪小便宜的人，最後往往會在大事上吃虧。

主動吃虧可以為你贏得一份深厚的友誼，可以為你尋得一個重要的商機。主動吃虧雖然會失去一些眼前微不足道的東西，卻可以得到對方的尊重，也會贏得好的聲譽和長遠的利益。

能夠主動「吃虧」的人最終並不會吃虧，不願意「主動吃虧」的人總會吃大虧。在人際交往中，多一點「主動吃虧」，才能贏得對方的信任和情意，對方才會接納你、信任你、支持你。在以後的交往中，你甚至會得到對方更大的回報和付出。

很多時候，「主動吃虧」是一種福，也是一種大智慧。不管你是做什麼的，你主動吃虧，身邊的人接受了你的「禮讓」，他不僅會全心全意地與你合作，保持良好的人際關係，還會因此對你感激，尋找機會回報你。

在做事情的時候，主動承擔責任，不去計較眼前的小利益。雖然你吃了些小虧，卻擁有了良好的聲譽和口碑。當誤會解除之後，對方自然會幫助你，為你付出。

在北京工作時，認識了一個朋友叫宋瑞。有一次一起吃飯時，他和我說起了幾年前他在公司的事。那時候，宋瑞還只是個公司採購部的職員，當時，他所在部門的經理被提升到總公司任職。因為當時走得比較倉促，有幾筆帳目還沒有處理清楚，新來的經理就把責任推到宋瑞那裡，非常嚴厲地批評了他，並扣除宋瑞全年的獎金。

其實，事情的責任並不在宋瑞，是公司的副總委託原來的部門經理辦的，當時宋瑞並不知情。宋瑞覺得老經理對自己不錯，為他承擔點事情也是應該的，所以他沒有為自己辯解、爭論，很平和地接受了新經理的批評和懲罰。

後來，新經理知道了事情的原委後，才知道錯怪了宋瑞。他一方面覺得對不住宋瑞，另一方面又對他非常讚賞。

新經理認為宋瑞是一個豁達、有忍耐力的人，只要稍加培養，將來定會有成就。新經理向總公司推薦宋瑞，最終宋瑞成了部門的副經理。

在工作中，每當遇到事情時，你主動承擔責任，主動吃些小虧。這樣一來，你才能向主管還有同事展現你的豁達，你的忍耐，從而會贏得好的聲譽，最後可能還會因此而受到主管的賞識和器重，在你的晉升道路上成為你的推力。

當你與對方進行合作時，你總願意主動吃一點虧，自己少得一點，多讓一些利給對方，那麼對方就願意與你保持長期合作關係。因而，你不僅沒有吃虧，還會因為你的主動吃虧而得到更大的利益。

當你的生意做得不好時，還主動讓對方多得，自己少得。這就更顯示出你的一種氣度，一種度量。正是你的這種「主動吃虧」行為，讓對方對你產生好感，願意繼續與你合作，這樣你的生意才會越做越大。

在對方有難的時候，用物質幫助對方，再用真情實意去安慰對方。當時你可能吃了一些虧，但是，日後對方一旦發達了，必然會加倍回報你。這都是因你主動吃虧得來的。

在與人交往時，無論遇到什麼事情都主動吃一些小虧，是很有必要的。比如，在一起吃飯時，主動為對方付錢；在辦公室工作時，有什麼大家不願意做的事情，你主動請纓；在大家不願意加班的時候，你主動替對方加班。

主動吃些小虧，看似是不起眼的小事情，久而久之你就會收穫大的回報。因為你的那些小小的付出，別人是看得到的。

順其自然，隨遇而安

人生是多種多樣的，每個人都有自己的活法。但是，歸結起來，無非也就兩種：一是活得累，二是活得瀟灑。在人生的旅途中，可能隨時會發生各種不順心的事情，高考失利、辭職失業、晉升無望、懷才不遇、生意翻船、家庭分裂等等。種種坎坷都會因為主觀願望與客觀現實的矛盾，引起強烈的心理情緒波動，甚至心態失衡。在這樣的情況下，有的人不擇手段，鋌而走險；有的人滿腹牢騷，咒天罵地，甚至抨擊一切……這都是活得累的人。

另外一些人則平心靜氣，理智地看待困難、挫折和痛苦，用積極的態度尋找治療自己苦悶的良方。他們隨遇而安，順應自然，環境再怎麼惡劣，他們也都不放在心上，而是專心於自己的工作和生活。這些都是哲人，是能夠活得瀟灑的人。

老子曾說：「人法地，地法天，天法道，道法自然。」世界上最大的法則是自然法則，人的法則其實是最小的。所以，順其自然才是人類的生存之道。

萬物的枯榮有其規律，花兒不會永遠開放，樹葉不會永遠青翠，就連月亮也不會永遠盈滿。它們都必須遵循自然的法則。自然的法則是博大的，也是殘酷的，茂盛也好，枯萎也罷，隨著時間的流逝，終究是要消失的。而在現實生活中，人的外貌、權力、財富、名譽都不過是過眼雲煙，人應該學會順其自然地活著，如果刻意追求反而會被其所累，最終迷失自己，陷入無盡的煩惱之中。

臺灣版《倚天屠龍記》的片尾曲《隨遇而安》讓人記憶深刻：「萬般恩恩怨怨都看淡，不夠瀟灑就不夠勇敢，苦來我吞酒來碗乾，仰天一笑淚光寒，滾滾啊紅塵翻呀翻兩翻，天南地北隨遇而安……」

「隨遇而安」，人們大都很喜歡這個詞，想一想，一個人無論境遇如何，是深入侯門也好，是隱於草澤也罷，都總能夠以一種淡定自若的態度來對待人生，這該是多麼瀟灑啊！想來古代俠客也正是有著這種「苦來我吞，酒來碗乾」的「天南地北隨遇而安」，才能看淡生死，笑傲江湖吧。

什麼是隨遇而安，就是無論處在什麼樣的環境中，無論外物是好還是壞，我們的心總能夠淡定如一，不因為外物的好壞而改變心境。就如同一粒生命力頑強的種子一樣，無論是被撒在肥沃的土地上還是貧瘠的土地上，都能開出鮮豔的花朵。

在生活中，能夠隨遇而安的人，一定是豁達的、開朗的，我們應該也必須讓自己豁達些，因為豁達才不至於鑽入牛角尖，才能樂觀進取。我們還要讓自己開朗些，因為開朗才有可能把快樂帶給別人，讓生活中的氣氛更加愉悅。

在一座寺廟中，後院的草地都枯萎了，顯得很荒涼。小和尚對師父說：「師父，我們趕緊買些草籽種上吧。」

師父說：「不用著急，等什麼時候有時間了，我再去買一些草籽。任何時候都能播種，著急有什麼用呢？隨時！」

到了中秋的時候，師父把草籽買了回來，交給小和尚，對他說：「去吧，把草籽撒在地上。」天上起風了，小和尚一邊撒，草籽一邊飄。

「不好了，許多草籽都被吹走了！」小和尚說。

師父說：「沒關係，吹走的多半是空的，撒下去也發不了芽。沒什麼可擔心的。隨性！」

草籽撒上了，許多麻雀飛來，在地上專挑飽滿的草籽吃。小和尚看見了，驚慌地說：「師父，不好了，草籽都被麻雀吃了！這片地再也長不出小草了。」

師父說：「沒關係，草籽夠多，麻雀是吃不完的。明年這裡一定會有小草的。隨遇！」

夜裡下起了大雨，小和尚久久不能入睡，擔心草籽會被雨水沖到別的地方。第二天，雨停了，小和尚跑出去一看，很多草籽都被沖走了。於是他馬上跑進師父的禪房說：「師父，草籽被沖走了，長不出小草了。這可怎麼辦啊？」

師父不慌不忙地說：「草籽被沖到哪裡就在哪裡發芽，不用著急。隨緣！」

沒過多久，後院的角落裡居然長出了許多青翠的小草。小和尚高興地對師父說：「師父，太好了，我種的草長出來了！」

師父點點頭說：「隨喜！」

小和尚的師父是一位懂得人生樂趣的人。凡事順其自然，不必刻意強求，反倒能有一番收穫。「隨時、隨性、隨遇、隨緣、隨喜」，簡單的十個字，卻道出了人生的大智慧。如果一切自然隨意，那麼人生還會有太多的東西讓你寢食難安、愁眉不展嗎？生活中有許多的不如意，我們都被自己周圍的客觀條件所限制，**無法改變，此時就不妨順其自然、隨遇而安。這樣，你也可以找到心靈的一份寧靜與快樂！**

日本有一位禪師，法號白隱。他不僅道行高深，而且生活樸素，具有很好的名聲，深受當地百姓的敬仰與稱頌。

白隱禪師所在的寺院附近住著一戶人家，家裡有一個非常漂亮的女兒。有一天，夫妻倆發現女兒懷孕了，認為好端端的一個黃花閨女，竟做出這種見不得人的事，實在是家門的恥辱。夫妻二人不斷逼問女兒那個男人是誰，女兒怯怯地說出了白隱禪師的名字。

夫妻二人來到白隱禪師的住處，狠狠地將他痛罵了一頓，罵他不守清規戒律，敗壞道德。可是，白隱並沒有生氣，只是若無其事地說了一句：「只是這樣嗎？」

等孩子出生後，那位姑娘的父母就將孩子送給了白隱禪師，讓他撫養。這件事給白隱禪師帶來了很大的負面影響，幾乎使他聲名掃地。但他並沒有因此放棄孩子，而是悉心照料孩子，四處乞求嬰兒所需要的奶水和其他用品。即便多次遭到別人的白眼和羞辱，但他總是泰然處之。

在白隱禪師的細心呵護下，嬰兒漸漸長大了，成為一個非常可愛的小孩。孩子的媽媽再也忍受不了良心的譴責，於是就把實情告訴了父母，孩子的父親另有其人。她的父母非常驚訝，立即帶著她來到寺院，向白隱禪師道歉，請求原諒。

可是，白隱禪師還是像當初那樣，不慍不火，淡然如水，更沒有趁機抱怨他們，只是輕輕說了一句：「只是這樣嗎？」

生活中，我們也常常會被人誤會或是指責，如果你去解釋或還擊，往往會把事情越鬧越大，與其那樣不如向白隱禪師學習，不去爭辯，不去理會，順其自然，這往往是最好的解決辦法。佛學中講，不要用抗爭的心態面對這個世界。凡事以對立的心態對待，嘮叨抱怨就不會停止，如此便難以用寬容的心來看待和接受他人的不同見解，就很難活得快樂。寵辱不驚，得失無意，凡事只要自然就好，不需要在意更多的外在形式，這樣可以獲得身心的安寧、愜意、舒適與安逸，幸福的生活也會隨之而來。

每年春節結束之後，人們就會在火車上看到背著大包小包的農民工。他們挑著鋪蓋卷在無名小站下車，在上無片瓦、下無寸土的地方嘗試開闢生活。他們隨遇而安，不斷遷徙，在哪裡落地，就在哪裡發芽，就在哪裡生長和開花，就在哪裡重新建立自己的家，這不就是隨遇而安一種最好的體現嗎？

當年蘇東坡以一篇《刑賞忠厚之至論》震驚朝野，一時成為滿朝矚目的焦點，那是何等風光。然而「烏台詩案」一發，他瞬間被貶出朝廷還差點身首異處，又是何等悽慘不安。然而無論是風光還是悽慘不安，東坡先生卻始終能夠坦然處之。無論被貶黜到哪裡，東坡先生都能隨遇而安，並盡自己最大的可能實現抱負，為國為民盡綿薄之力，終於成為一代名士。

「夜飲東坡醒復醉，歸來彷彿三更。家童鼻息已雷鳴。敲門都不應，倚杖聽江聲。長恨此身非我有，何時忘卻營營？夜闌風靜縠紋平。小舟從此逝，江海寄餘生。」從這一曲《臨江仙》中，我們不難看出東坡先生那豁達的人生態度。

隨遇而安，說到底講究的是一個「隨」字，隨緣、隨分、隨意、隨遇，總之是一切順其自然。但是，隨遇而安絕不是怨天尤人、悲觀失意，而是順應事物發展的自然規律。所以「隨遇而安」的生活態度，其實是指能使自己較好地適應周圍的生活環境，無論它發生多大的變化，也能入鄉隨俗，隨方就圓。

當你陷入一種不好的境遇，又無力改變現狀的時候；當你生活突然發生變故，需要重新開始的時候；當你想擺脫現狀，卻不知道下一步該如何去做的時候，不妨隨遇而安吧。隨遇而安是一種適應，更是一種接納，它需要一個人有足夠的勇氣和膽識來接受新的困難和挑戰。不抱怨，做好自己現在的事情，享受踏實的現實生活，並默默地尋找時機，這才是最好的應變能力。

不少人在遇到不如意時，首先不是想辦法解決問題，而是喋喋不休地抱怨，為自己的失敗找藉口，那只會徒增自己的苦惱。這種人計較得太多，未必會得到很多。在遇到問題時，第一要做的就是接受它，然後做自己當下能做的事情。一個和尚問師父什麼是佛。師父問：「你吃飯了嗎？」和尚說：「吃過了。」師父說：「那就洗碗去。」其實，道理很簡單，吃飯之後，就去洗碗，該睡覺時，就去睡覺。守住自己清淨自然的本心，不被外境所迷，不被妄念所轉，這才是安住當下。

當然，隨遇而安的最終結果是建立在你對生活的追求和目標上。它並不是讓你變得庸庸碌碌，而是幫助你儘量克服在遇到人生障礙時產生的躁氣，保持頭腦冷靜，在現有的條件下做到最好，同時尋找最適合自己的出路。

人生總是充滿痛苦與無奈，當我們應得的利益被奪去，當我們與別人因為見解不同而產生衝突，彼此不能和諧相處的時候，種種無法由自己主宰的苦惱，使我們終日生活在患得患失之中，難免抱怨，可是越抱怨就越感受不到快樂。此時，我們就應該用隨遇而安、順其自然的生活態度自然地生活。就讓我們在自己的內心建立一個安寧平靜的港灣，來停泊暫避風雨的生命之舟吧。

發現生活中的那些美好，才能體會到真正的幸福

人若能知道自己不需要什麼，既是一種智慧，也是一種幸福。試想我們的生活究竟需要些什麼？不過衣食住行加上自己的情感與愛好，如果這些東西沒有限定一個範圍，那就成了一個人買電視，黑白換彩色，二十三寸換三十二寸，再換家庭影院，無限制升級下去。其實他看得最舒服的那個，也許不是最貴的。他的房子裡也放不下這麼多彩色電視。最後他煩了，隨便選了一個放在客廳，看上去也不比他人差。

仔細想想，我們不需要的東西，遠比需要的東西要多。就拿愛情做個例子，你需要很多優秀的異性對自己癡迷，為自己付出，還是希望自己的心上人能夠喜歡自己，與自己一起生活？答案是明顯的，很少有人願意留戀不喜歡的東西，而喜歡的東西，都是弱水三千的某一瓢，只要這一瓢喝到口中，其他的不過是過眼雲煙，有或沒有都不重要。

人們都說，女人的衣櫥裡永遠少一件衣服。

我妹妹就是這樣一個喜歡買衣服的女人，儘管她家的兩個大衣櫥都已經掛得滿滿的，她還是每天煩惱同一個問題：今天又沒衣服穿。其實她的很多衣服只穿過一次，甚至沒穿過。她每個月定期的活動，就是為自己選購新衣服，而且每次都滿載而歸，卻又不滿意。

有一天，上司通知她去山區工作，愛美的她原本準備帶幾件衣服，沒想到通知下得太快，機票就定在第二天凌晨，她根本沒有機會選擇，只從衣櫥裡隨便抓了兩件。

一個月後，她從山區回來，我打趣她說：「這個月只穿那麼兩件衣服，是不是很委屈？」她說：「不會，我的紅風衣已經成了我的標誌，遠遠走過去，大家都知道是我。現在想想，以前在衣服上浪費的時間還真多，現在才知道衣服少一點，我也照樣活得很好。」

很多人願意承認自己需要的東西不夠多，例如女人總說自己想要的衣物不夠多，只是在選擇的過程中，需要找到最適合的那一件，就要買很多件來嘗試。在生活中，這種說法無處不在，人們都說，只有經過對比，才能知道什麼最合適，什麼最好。

人們常常覺得自己的生活被不需要的東西填滿，就像一個眼花繚亂的大衣櫥，讓自己無從選擇，只能胡亂搭配，這個時候，人們寧可自己的衣櫥小一些，衣服少一些，至少能讓自己快速選擇，而不是面對上百個選項，光是看這些就要用去半天時間。

對有智慧的人來說，幸福不在於擁有一個倉庫，而是能在倉庫裡拿到最貴重的寶物。只有這寶物才能給你最好的感受。人只有一雙手，要知道自己最重要的東西是什麼，牢牢地捧住，才算沒有辜負生命。否則丟了西瓜撿芝麻，到最後手中剩下的，也許是最沒用的一個，你根本不想要。

貪婪帶來生活的苦澀，因為貪婪讓你對任何擁有的東西產生不滿，認為它們不夠好，總想要找一個更好的。它們的實際價值被你大大貶低，你佔據它們，它們卻讓你更加不幸福，這個過程還會不斷重複，你會一直尋找下去，直到找不到為止。難道非要在這個時候，你才肯看一眼自己已經擁有的東西，察覺它們的可貴嗎？知足常樂，還是從現在開始接受現狀，發現現實中的美，才能讓你體會到真正的幸福。

忙裡偷閒，才能夠走更遠的路

有句話說：「再長的路，一步步也能走完；再短的路，不邁開雙腳也無法到達。」偷閒才可以讓我們走出樊籠，得到出乎意料的暢快。偷閒可以讓我們在繁忙中體會到那一份無法比擬的舒心，也能夠讓我們在疲憊之時享受到全身心的放鬆。忙裡偷閒，是為了更好地忙，忙裡偷閒就好像是將自己置身於維修站中，修整修整不堪重壓的身軀，然後甩掉那些掛在心靈上的大小包袱，為自己充充電，接著輕裝前進。忙裡偷閒等於停在加油站加油，填補的是動力，只有動力充足了，才能夠走更遠的路。

在一家飯店門前有這樣一副有趣的對聯：為名忙，為利忙，忙裡偷閒，且喝一杯茶去；勞心苦，勞力苦，苦中作樂，再斟兩壺酒來。我們常常感歎自己活得太累，過得太苦，因為我們的眼睛總是喜歡緊緊盯著上面，常常以物質的豐足、名利的高低作為衡量幸福的標準。可是當我們真正擁有金錢、名利以後，並不一定能感受到幸福的滋味。為了維持自己所謂的幸福，我們依舊忙碌、奔波、勞累，而這些忙碌、奔波、勞累，又總是讓我們覺得沒有得到理想中的幸福。歲月可以消磨掉我們所有的雄心，當遲暮之年回過頭來才會發現，真正能讓我們感到幸福的，其實是當下那份實實在在的擁有，就好像是忙裡偷閒的一杯茶，苦中作樂的兩壺酒。

有一次，我在約旦旅遊，到一個小鎮去尋找古遺址。但四周都是荒漠，趕了一段很長的路，也沒有看到盡頭。當時，我一心想儘快到達目的地，一路上只顧埋頭走路，累得精疲力竭。眼看就要到達終點了，我終於鬆了口氣。就在這時，我感覺到自己的鞋子裡有一粒小石子磨得腳很不舒服。

其實，我剛開始趕路時，就感覺到那粒小石子在鞋子裡磨得腳疼。但是那時，我一心忙著趕路，不想停下來浪費時間，索性就不去理會。

直到快到終點，我才捨得停下急匆匆的腳步，心想快要到了，還有多的時間，還是脫下鞋子，把那粒小石子從鞋子裡倒出來，讓自己輕鬆一下吧。

就在我低下頭彎下腰準備脫鞋的時候，我的眼睛不經意間瞄向了路兩邊，竟然發現沿途的荒漠和淒涼的景色異常美麗。自己這一路走來，心思只停在趕路上根本沒有留意到，這一路，恐怕是錯過了不少美景呀。

我脫下鞋子，將那粒小石子拿在手中，不禁感歎道：「小石頭呀！原來這一路不停地刺痛我的腳掌心，是為了提醒我慢點兒走，留意生命中的美好啊！」

我有了這粒小石子的提醒，最後好歹還算得以醒悟。那麼，同樣生活在塵世中的人們呢？

在都市緊張繁忙的生活中，很多人都像上足了發條一般，在城市的快節奏中步履匆忙。我們每天忙著處理各種事務，忙著滿足自己的各種欲望，花費大量時間和精力把我們從物質世界贏來的一件件物品堆砌起來，看著不斷增多的勝利品，我們以為這就是幸福。然而，大多數時候，我們得到的只是另一個現實世界，裡面滿是比較、茫然、疲憊、煩惱，甚至絕望，唯獨缺少擁有後的快樂和滿足。於是我們困惑了：難道這一切就是我們苦苦追求得到的結果？

為了追尋我們心中所謂的幸福，這一路上我們從不敢停歇，生怕腳步一慢下來，就會拉開與幸福的距離。每一天，我們都行色匆匆，來不及欣賞城市的美景，甚至與親人朋友相處的時間都越來越少。可是，等我們終於把所追求的一切納入懷中時，卻發現或許已經錯過了真正的幸福。我們像一隻被自己的欲望劫持的船，眼裡只有目標，只有彼岸，全然忽視了河岸兩邊美妙的景致。這樣的人生難道不覺得乏味嗎？

偶爾讓我們放慢腳步，輕輕地走過每天都要走的路，安靜地欣賞路邊的一樹一花，慢慢地拉著愛人的手回家，好好欣賞周圍的一切，也許一直尋找的幸福就在下一個轉角。

停下來，試著放慢腳步，你就能發現許多平時不曾注意的美好。卸下對生活的種種擔憂，放下對「得不到」和「已失去」的執著不捨，好好把握已經得到的幸福，這才是人生最珍貴的東西。此時此刻所擁有的，才是世界上最真實的幸福。每一次有奇特的天文現象發生，人們就會將其當作不可錯過的焦點。如果天上的星星只出現一次，會有什麼事情發生？人們一定都會出去仰望，每個看過的人都會大談特談看到的景象多麼神奇壯觀，媒體也一定會在事前事後做足宣傳。當然，這只是我們想像出來的話題。如果星星真的只出現一次，那麼我們一定不願錯過這難得的美景。而事實上，敬業的星星幾乎每晚都出來妝點夜空，面對這熟悉的風景，我們很久不曾抬頭看一眼。

正如羅丹所言：「生活中不是缺少美，而是缺少發現美的眼睛。」我們根本不必費心思地四處尋找，美本來就是隨處可見的。給忙碌的自己放個假，放鬆心情，從記憶深處找出那些沒有壓力、使你感到愉快的經歷。在回憶中慢慢安靜下來。你會發現，這個讓自己安靜下來的過程，本身就是一種樂趣。把平日裡的煩擾和壓力丟在一旁，只用心靜靜體會快樂的感覺和幸福的滋味，或許那種快樂和幸福都是淡淡的，但你要相信，能被珍藏在記憶深處的，一定是真正的快樂。先慢下心來，拋去欲望和執念，耐心地等待靜謐心情的到來。心靜下來了，浮躁的心情開始遠去，隨之而來的是一份舒適自在。

我們周圍常會有這麼一群人，他們工作勤奮、努力，但是脾氣暴躁，生活也因此變得混亂。他們只顧匆匆趕路，常常忘了欣賞路邊的風景和周圍美好的事物。久而久之，他們變成了只會工作不會生活的人，越來越不幸福。不幸的是，這樣的人似乎越來越多了。在當今這個高速運轉的快節奏社會裡，人們常常因為走得太快而錯過很多美好的風景，失去一份生命的美好體驗，多麼得不償失。**無論你的目的地在哪裡，都要記得：請偶爾放慢腳步，靜下心來好好欣賞路上的風景，因為有時候，幸福就是躲在安靜背後的一道風景。**

PART 5

心境決定心情：訓練情緒，讓它更加理性化

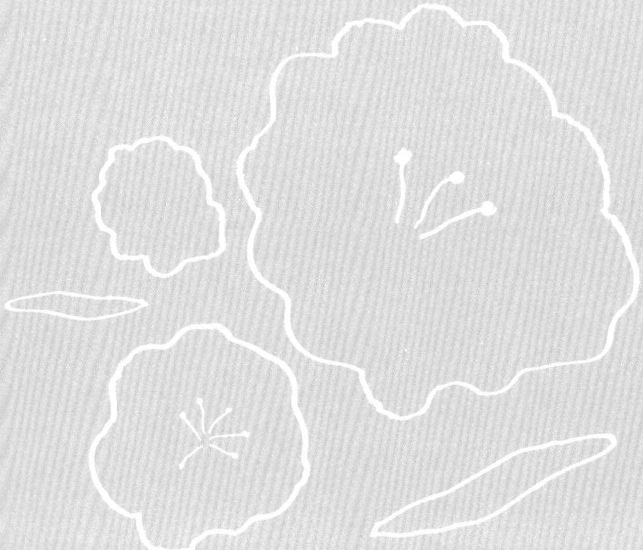

- 控制住你的情緒，懂隱忍才是大英雄
- 學會忍耐，才有助於美好結果的到來
- 生氣，是用別人的錯誤來懲罰自己
- 控制好心態，好好享受已經在手的幸福
- 身處逆境中，一定要冷靜、不煩躁、不盲目掙扎
- 控制不住情緒，敏感將淹沒你的心靈
- 自省，有助於找到人生正確的方向

控制住你的情緒，懂隱忍才是大英雄

古今中外，凡是能夠成就大事的人都具備一種卓越的才能——中庸之道。待人處事不激進、不冒失，沉穩又懂得忍耐，能做到這些，才能在官場及社會中處於不敗之地。這也是很多成功人士的智慧之精華。

有人講：「處世讓一步為高，退步即進步的根本；待人寬一分是福，利人是利己的根基。」細細品來很有道理，為人處世，忍讓才是最高明、最根本的智慧。人生在世，處處爭強好勝、妄露鋒芒，並不是什麼聰明的行為。俗話說槍打出頭鳥，誰先凸顯出來，誰就有先被打掉的危險。

《莊子．人世間》中曾經記錄過這樣一個故事，甚是耐人尋味。

來到齊國曲轅的匠人石，看見了一棵巨大無比的櫟樹，而這棵櫟樹被當地人視作神樹。這棵樹的樹冠可以遮蔽數千頭牛，樹冠之大可想而知，樹幹就有數十丈粗，樹梢離地面八十尺處才分枝，要是用它造船的話，可以造十幾艘。觀樹之人絡繹不絕，匠人卻不看一眼，繼續前行。匠人的徒弟看了大樹半天，氣喘吁吁地趕上了匠人石，說：「自我跟隨師父起，還未曾見過這般樹木。但師父為什麼看都不看一眼呢？」

匠人石回答道：「快別提它了！如果用它造船，船必沉沒，做棺槨會很快腐朽，做成器皿會壞得更快，作為屋門之材定不合縫，作為房梁定遭蟲蛀。這樹不是什麼可塑之材，所以才活到這般年紀。」

回到家後，匠人石夢見櫟樹對他說：「你用什麼和我比較？是不是你想用那些可塑之材和我相比？還是那些果樹？那些果樹待到成熟之時，果子就會被打落在地，之後遭到摧殘的就是枝幹，大小枝幹通通會被修剪。各種事物也不過如此而已。我曾經被人砍得半死，最後得以保全，思來想去，我最大的用處就是無用。要是我真有用，還能頤享天年嗎？你怎麼能用這樣的眼光看待事物呢？你不過是將死之人，又怎麼會真正理解不是可塑之材的樹木呢！」

最「無用」的反倒最長久，這不正是委曲求全的道理所在嗎？一棵參天的古樹，卻要用彎曲的樹枝、低劣的木質、樹葉的怪味等來偽裝自己，以使自己逃脫被人類砍伐的命運。老樹況且如此自保，人類處世的道理不也應該如此嗎？

但實際上，我們總喜歡把自己比別人的高明之處表現出來，恨不得自己得到所有人的崇拜，這種誤區往往會讓自己鑽牛角尖，最終樹敵無數。古人云：「藏巧於拙，用晦如明。」想要平靜淡然的生活，就不要妄露鋒芒，否則「功高蓋主，主必壓之」，尤其是在上司面前賣弄自己的聰明，是最不明智的選擇。

以下這個例子足以說明：

韓信身為漢朝開國第一功臣，曾多次獻出妙計，定三秦，率軍俘魏王，活捉越王歇，收燕蕩齊滅楚，最後逼得項羽在垓下自殺。司馬遷曾經這樣評價過他：「是韓信打出漢朝一半的天下。但他犯了功高震主的大忌。」

劉邦曾經這樣問過韓信：「你看我能統兵多少？」韓信說：「最多不過十萬。」劉邦又問：「那你又能統兵多少？」韓信不斂鋒芒地說：「多多益善。」

劉邦因為這樣的回答而顏面掃地，耿耿於懷於韓信。在打仗方面，劉邦確實不如韓信，但韓信不懂得身為人臣要收斂鋒芒，相反卻又常常在劉邦面前鋒芒盡露，最終把自己逼上了絕路。

「韓信甘受胯下之辱」這個故事盡人皆知，為此，韓信被人們稱為「能屈能伸」的大丈夫。但在收穫豐功的同時，他不懂得收斂鋒芒，一味在主公面前貶低對方，抬高自己，這樣的人，誰能容忍。一個曾經的英雄最後竟是死於狂妄自大，哀哉！

不以別人的冒犯而憤怒，不以他人的無理而爭吵。懂得中庸之道，懂得權衡利弊，在任何情況發生後，能夠短時間內思考出最有利於自己的方法，做出能夠自保的策略，這才是成為這個時代的成功者。

只有學會委曲求全，做到能屈能伸，懂得中庸之道，自己被保全了，才能夠實現自己的人生目標。

學會忍耐，才有助於美好結果的到來

很多人總是在忍耐的時候倍感痛苦，這是人之常情。哲人說，忍耐其實不是一種痛苦，真正的痛苦在於你不願去忍耐。有心人會在短暫、有時限的忍耐之後，踏實肯幹，提升自己的人生境界，而那些不願忍耐的人，在獲得片刻的舒心之後，必將會用一生的時間來面對人生的艱辛，忍耐生活的困苦。

二十世紀七十年代，美國麥當勞總公司準備進軍臺灣市場，需要招聘高級管理人員，於是就開始了海選招考。很多有志青年都遭到了淘汰，原因是公司的要求太高。

終於，有個叫韓定國的人入圍了最後的角逐。在最後的面試裡，麥當勞總裁和韓定國夫婦談了好久，最後問了韓定國一個超乎所有人想像的問題：「要是讓你負責衛生間的清潔工作，你願意嗎？」

這個問題有點侮辱人的味道，韓定國還在考慮怎麼回答的時候，身旁的妻子幽默地回答道：「我們家裡的衛生間清潔工作一直是他做的！」

總裁二話不說，隨即就錄用了韓定國。麥當勞總裁認為一個成功的企業家，不僅要能幹大事，而且要有忍耐的精神。

後來，韓定國才知道，麥當勞培訓員工的基礎課程就是衛生間的清潔工作，原因是服務行業的基本準則是「非以役人，乃役於人」。只有做好小事，擁有了忍耐精神後，才會理解「顧客就是上帝的道理」，進而才能為顧客提供更優質的服務。

在現實生活中，許多人在步入社會的初期都擁有遠大的抱負，一心想一鳴驚人，而不去做埋頭耕耘的煩瑣工作。等到某天，那些比他資質差並且起步晚的人，都已經有了一番作為，他才發現自己一無所獲。他這才明白，不是上天沒有給他機會，而是他心浮氣躁，不願忍受拼搏的過程，最終只會兩手空空。

許多年輕人做事的心態都很急躁，總希望一竿子下去，立即打下紅彤彤的棗。**在通往成功的道路上，要學會忍耐，才能有助於美好結果的到來。**

阿基米德是古希臘著名的物理學家，出於一個偶然的機會，他注意到不同的物質具有不同的比重。在發現的瞬間，他激動萬分，很想立刻將這一偉大發現公佈於世。然而，他忍耐住了，抑制住了激動的情緒，用忍耐的精神埋頭研究。

阿基米德經過潛心計算和鑽研，最後才公佈這條顛撲不破的真理——浮力定律。他也因此成就了自己科學巨匠的角色。

忍耐，是成功對你的淘洗和沖刷，它會讓你沉澱下來，最終大放異彩。有人說，二十歲的時候，我們受誘於愛情；三十歲的時候，我們受誘於財富；四十歲的時候，我們受誘於地位；五十歲的時候，我們受誘於聲望。我們總會由於種種誘惑而心浮氣躁。就像現實總是跟我們開著不大不小的玩笑——越是急著奔跑的人，就越容易摔倒。

種子要是不能經受在黑暗土壤中的煎熬，就不會破土而出。**唯有踏實肯幹、去除浮躁的人，才懂得忍耐的真諦，才能扎扎實實，循序漸進，一步一步登上事業的巔峰。**

生氣，是用別人的錯誤來懲罰自己

我一直有個願望，在紅塵某處，尋一方淨土，愜意地生活。不求名利、不求奢華，只望能安靜地生活，淡泊度日，滋潤情懷。可以沏一壺茶，從清晨飲到傍晚；可以讀一本書，從花開讀到花落；可以聽一首歌，從青春聽到暮年；可以坐在一座老樓前，從春去待到秋來。

從古至今，不論帝王將相，或是普通百姓，都有著各自想要的生活。但每個人想要的不同，就會產生摩擦，有了摩擦，也就有了爭執。我也總有這樣的事情，每當發生爭執時，我總會想起德國古典哲學家康德的一句話：「生氣，是用別人的錯誤來懲罰自己。」

「人非聖賢，孰能無過」，人人都有犯錯誤的時候，不如意的事情也時有發生，面對這些，是選擇怒火點燃戰爭，還是選擇冷靜解決問題，兩者產生的效果是截然不同的。下面這個故事，講的就是面對矛盾與衝突時，兩種完全不同的心態，是如何解決問題的。

有一位教授，帶著孩子在水果攤上挑選水果，小販很不耐煩地說道：「先生，你到底買不買？不要這樣挑來挑去的。」

教授禮貌地回道：「要買！要買！」接著把挑好的水果交給小販，並問多少錢。小販不以為然地說：

「這可是很貴的哦，你買得起嗎？」教授依舊謙虛地回答：「買得起。買得起。」並把錢遞給小販。

在回家的路上，孩子忍不住問道：「爸爸，您是教授，是令我景仰的人，為什麼今天卻讓小販如此喝斥？難道您一點也不生氣嗎？」

教授回答道：「待人有理、謙虛、禮貌是我的水準。無禮、勢利是有些小販的水準，我不能讓他的水準降低我的水準。」

有時候別人不一定犯了什麼錯，只是不小心影響你的心情，你就不分青紅皂白地把怒火發到別人身上。通情達理的人，也許還能理智地與之解釋，若同樣是肝火旺盛的人，想必一定有一場口舌之戰。如此，只會讓矛盾愈演愈烈，對解決問題沒有絲毫幫助。

在面對誤會時，應該先從自己身上找原因，首先看看是不是自己的過失，如果是，就要及時改正，如果不是，也不要衝動、動怒，應該找個適當的時機，心平氣和地與對方解決問題。這樣，你不僅在別人眼裡是個豁達、大度的人，而且自己的生活也會變得更加輕鬆、美好。

如今，很多人總是感歎活得太累了，似乎每一天都生活在疲憊中。然而，有一位古稀老人卻悠閒地微笑著，用不太標準的話說：「**做一個好人其實很容易，擁有一個幸福的人生也很簡單：一是不要拿自己的錯誤懲罰自己，第二是不要拿自己的錯誤懲罰別人，第三是不要拿別人的錯誤懲罰自己。有這麼三條，人生就不會太累了。**」說完，她笑了笑，用手順了順額前的白髮，滿臉的從容。

道出「人生幸福三訣」的老人名叫張允和。她的丈夫是著名語言學家周有光，她的妹夫是大文豪沈從文。張允和老人在年輕的時候也顛沛流離，也曾死裡逃生，而正是人生的苦難與艱辛讓她有了這一份豁達與從容。

「不要拿別人的過失懲罰自己」，也許很多人會驕傲地說：「我從來不是這樣的人。」其實，不用深究，便可以得出這樣的結論：每個人都或多或少地拿別人的錯誤懲罰過自己。只要是憤怒、生氣過的人，不見得都是因為自己的過錯而發火。凡是與人鬥過嘴、拳腳相向的人，並不見得都是見義勇為。

所以，**遇到了問題不要生氣，因為生氣解決不了問題，開動腦筋才是解決問題最好的方法；受到欺騙也不要生氣，應該去用理智戰勝魯莽，用智慧讓欺騙者得到他該有的懲罰；被人誤解也不要生氣，可以解釋清楚的就解釋，解釋沒有用，就交給時間和事實去證明；與人爭辯事理，也不要生氣，一旦生氣就證明自己已經敗下陣來，真理不會因為誰大聲就倒向誰，反而更容易讓別人輕易洞察到你的弱點。**

央視主持人朱軍說過這樣一句話：「得意時淡然，失意時坦然！」世界紛繁多變，你或許沒有力量改變當前的環境，也沒有力量去改變其他人，但是你唯一可以改變的是你自己。如果你無法改變自己的性格，那你至少也可以改變自己的態度。

用一顆平和之心對待他人，也就是善待自己，何必拿別人的過失懲罰自己呢？

控制好心態，好好享受已經在手的幸福

快樂是一個既簡單又複雜的問題。人活一世，都希望自己是快快樂樂的。生活的美好就在於擁有快樂的心情，但只有明白了快樂的真諦，才能收穫真正幸福的人生。

快樂是一種發自內心的真實情感。真正的快樂是人性的自然流露，快樂並不為外物所左右。物質生活只能滿足人生理上的需要，儘管金錢可以充實人的物質生活，但金錢滿足不了人的精神生活。真正幸福的人生，是要充分展示出生命的價值。金錢是無法衡量幸福人生的。道德修養是金錢買不來的，知識學問也是金錢不能買來的，這是不可否認的。

左右你幸福的因素只有一點，你的心態是積極的還是消極的，這些都是在你的控制範圍內。

心理學家說：**心態積極與否決定著人生的幸福程度**。心態消極的人不僅不會得到幸福，相反還會被幸福排斥。即使幸福就在身邊，他們這些人也是渾然不覺。

曾聽說過這樣一個故事：

一個人歷盡千辛萬苦，終於找到了天堂。當他歡天喜地喊著「我來到天堂了」時，天堂大門的守門人詫然地問他：「這裡就是天堂？」歡呼者頓時傻了：「你不知道嗎？」

守門人不解地搖著頭：「你來自哪裡啊？」

「地獄。」

守門人茫然依舊。歡呼者嗟嘆：「你不知道天堂的原因，是因為你沒去過地獄！」是的，你口渴的時候，水便是你的天堂；若是你心中有夢想，那麼實現夢想便是你的天堂；若是你現在感到無比痛苦，那麼幸福便是你的天堂。凡事有兩極，只有天堂和地獄放到一起，你才能真正體會到天堂的美好含義。

幸福在哪裡？問過無數次的問題，其實就在我們心中。只要我們的心靈是開放的，你就會看到幸福在不遠處向我們招手。

一位鋤地的人看到一隻鳥在天上飛過，便感嘆道：「鳥兒真苦啊，四處飛翔只為覓得一口食物。」另一位倚窗懷春的少女嘆著氣說：「它真幸福，能夠展翅飛翔。」不同的人看到相同的事物所產生的見解和感覺也有所不同。心態積極，你就會覺得有一種希望油然而生；失意悲觀，你就會失落感嘆。當自己的理想沒能實現，你就會悲觀、失意。人們總會把自己現實生活中的情景和看到的事物聯繫到一起。

曾聽我的嫂子講過一位國外老師的故事：

一位小學教師進行了一次心理實驗，實驗對象就是她的學生。

那個老師告訴她的學生說：「統計學上有資料證明，藍色眼睛的孩子比棕色眼睛的孩子智力要高，各方面也相對比較優秀。」於是，她把學生按照眼睛顏色分成了兩組。

一周以後，「棕色眼睛組」的孩子學習成績明顯下降，「藍色眼睛組」的孩子學習成績顯著提高了。於是，老師又向學生宣佈，她自己把眼睛顏色弄錯了，正確的資料統計顯示應該是棕色眼睛的孩子智力要高於藍色眼睛的。於是，一段時間過後，「棕色眼睛組」的孩子成績提高了，而「藍色眼睛組」的孩子成績卻又下降了。

我們的心態決定著我們的命運。曾經統治羅馬帝國的偉大哲學家瑪律卡斯．阿理流士就很好地解釋了這個道理，「生活是由思想塑造的」。

如何運用思想？你把生活想成是天堂，那麼它就是天堂，你把它想成是地獄，那麼它就是地獄。

幸福是什麼？幸福就是把工作做好，有睡覺的時間；幸福是擁有一些不分彼此的朋友，能夠相互分擔彼此的痛苦，分享彼此的快樂，儘管各持己見，卻永遠尊重彼此；幸福是累了的時候洗個熱水澡，渴了的時候喝一杯加冰的可樂。說白了**幸福就是一種樂觀積極的心態**。你擁有著這種積極的心態去對待生活中的每一件事情，快樂地享受成功的過程，這便是擁有了幸福。

我們想想快樂的事情，就能快樂；想想痛苦的事情，就會痛苦；假如我們想的全是失敗，就會屢戰屢敗。因為一個人對事情的偏見，才使得他受到了事情的傷害。**如果你感受不到快樂，那麼唯一擺脫不快樂的方法，就是讓精神振奮，這樣才能找到快樂**。

總之，幸福是我們對周圍環境和人生滿足、和諧的一種狀態。人生的幸福大多是主觀的，因而，幸福無所不在。

身處逆境中，一定要冷靜、不煩躁、不盲目掙扎

我的鄰居周太太有個五歲的女兒，每天早上要練習游泳一兩千公尺。有一次我在電梯口遇到周太太帶著女兒去訓練，我寒暄地問她的女兒：「倩倩，你是不是喜歡游泳？」

「是，我很喜歡。」

「能堅持下去嗎？」

「能！我有耐心，因為我覺得我可以練好游泳。」

這個五歲孩子有著許多成年人從未有過的體會：耐心可以造就成功。

但是，往往有很多人做不到「耐心」二字，因為我們總是覺得如果那樣做了的話，我們就會受到束縛。實際上，那些耐心十足的人通常不會有上述那種感覺，他們做任何事情都會覺得有一股無形的力量在幫助自己前進，並時刻鼓勵著自己。

「延遲滿足」是心理學上的一種概念，它是忍耐的最佳解釋：就是能夠為了長遠的利益，忍耐、放棄了眼前的微薄小利，以及在等待之中爆發出極強的自制力。

美國的一位心理學家，曾經做過一個關於「延遲滿足」的試驗。在美國某個鎮的小學校園裡，老師和

這個心理學家把某班的八名學生帶進一個空教室，隨後心理學家向每名學生發了一粒可口美味的糖果，並對他們說：「這是屬於你們的，你們隨時可以把它吃掉。如果能堅持到我回來再吃，就會得到兩粒同樣的糖果。」說完後，他和老師一起離開了教室。

大多數孩子吃掉了自己的糖果。最後，只有兩名孩子克制住了自己想吃的欲望，等到四十分鐘後心理學家回來後得到獎勵。這個心理學家在二十年後發現：那兩名能夠忍耐一時之快的學生，成績要比那些沒有忍耐力的學生平均高出二十分；進入職場後，他們身處逆境時，常常能從逆境中走出並獲得成功。

這個實驗表明：**忍耐力是成功者的重要心理素質**。

很多時候，我們的願望不能馬上實現，為了實現它，我們需要長久地付出和忍耐。

哈佛大學曾經做了一個「影響人們成功因素」的縱向調查。調查表明，影響人們成功的最重要因素是「時間透視力」。時間透視力是指當你計畫每天的行程安排時，你所能考慮的時間長短。時間透視長的人，無一例外地做每件事情都是因為長遠目標的發展。平均而言，專業人士的時間透視力可以長達二十年。時間透視短的人，他們只關注眼前的享受和快樂。

《臥虎藏龍》這部電影讓華裔導演李安聲名大噪。有人認為他的成功全靠運氣，其實，李安能有今天，與他超常的忍耐力是密不可分的。

李安在一九七八年藝專畢業後，申請到美國伊利諾大學攻讀戲劇專業的機會。一九八三年李安從碩士專業中順利畢業，他花了一年的時間來創作自己的畢業作品。畢業作品不僅榮獲了當年最佳作品獎，還引起了大牌經紀公司的關注，他們不僅和李安簽約，而且還要將他推薦到好萊塢發展。

簽約之後，事情沒有李安想像中那麼順利。原來經紀人並不是幫他介紹工作，而是在他創作出作品後，再幫他把作品推銷出去。但是作品是需要劇本的，沒有劇本就沒有作品。於是，畢業後的李安，轉型專心創作劇本。

李安用了整整六年的時間，在家裡專心寫劇本，耐心等待著機會。

好萊塢的門檻很高，要想進去談何容易，於是，李安選擇先在臺灣發展。果不其然，電影《推手》的橫空出現，受到了各界的好評，讓蟄伏六年的李安獲得了肯定。他說：「六年的時間很長，如果沒有耐心，就沒有現在的李安和《推手》了。」

李安在這六年中最大的體會是：**身處逆境中一定要冷靜、不煩躁、不盲目掙扎**。「我慶幸自己做到了忍耐，才有今日的成就。」

堅持到底說起來容易，做起來又談何容易。

遇上這種情形時，缺乏耐心的人會給自己找藉口，聽起來也許十分合理。但是藉口終究還是藉口，想要達到成功的目標，我們必須要有充足的耐心，要有堅持到底的精神。

如果你希望有所建樹，就記住這句格言：「凡值得著手去做的就去做完，要是不值得去做的，就沒有必要開始。聰明的獵人跟蹤獵物不是最終目的，抓獲獵物才是最終目的。」

控制不住情緒，敏感將淹沒你的心靈

每個人都有自己的缺點和不足，這是無法避免的事情。但是，我們中有不少人因為自己存在的缺點和不足而感到自卑，一次次拼命地去掩飾和躲避，讓本來很正常的生活現象變成了心中比較敏感的地帶。「眾口鑠金，積毀銷骨。」很多人的腦海裡會閃現這一句話，他們害怕別人對自己的評價不高，害怕自己成為別人嘲笑的對象。其實，這個世界上，大多數人是不在意你的，太多的敏感只能是你自找其擾，煩惱自卑的心理是因為你戴著有色眼鏡看世界。

敏感的深層是極度不自信，走進自卑的心理誤區。一個人自卑的特點是感覺己不如人，低人一等，輕視、懷疑自己的力量和能力，而這正是成大事者最蔑視的！那麼如何在成大事的過程中，拒絕自卑心理的糾纏呢？

敏感的另一面是為自己的失敗尋找藉口，極度不自信和脆弱的自尊心讓一個人為自己的失敗尋找著開脫的理由。長此以往，不僅於事無補，心靈上反而會走進一個更加閉塞的領域。尋找藉口、解釋失敗是人類的一個通病，有了人類歷史的那一天起，也就有了各式各樣在敏感支配下的藉口。

二十世紀八十年代中期，他從一個僅有二十多萬人口的北方小城市考進北京廣播學院。上學的第一天，他鄰桌的女生問他：「你是從哪裡來的？」極平常的一句話和一個問題，卻成了他最大的忌諱。在他的意識裡，出生於一座小城市，就代表了土氣和小家子氣，沒有見過什麼大的世面，在那些來自大城市的同學面前肯定會抬不起頭來。

這個女同學普普通通的一句話，卻讓他在一個學期之內像沉默的羔羊一般，見到班裡的女生總是躲躲閃閃，連一個招呼也不敢去打。在第一個學期結束的時候，同班的女生中，能記起他名字的人寥寥無幾。

二十年前，她也在北京的一所大學裡上學。

由於自己的身體有些肥胖，大部分時間裡，她都在疑心和自卑中度過。過於敏感的她會疑心同學們在暗地裡嘲笑她，評論她難看的身材。

她從來不敢穿裙子，更不敢上體育課。臨近畢業的時候，她的學分還沒有修夠，不是因為學習不努力，而是因為她害怕參加體育長跑測試。老師說：「只要你參加長跑，不管多慢，我都給你及格。」可是她還是沒有勇氣跑。她害怕自己的身體一旦跑起來一定會顯得比較笨重，同學們肯定會在旁邊譏笑她。她想跟老師解釋原因，但是自卑讓她不知道該如何開口。她只能傻乎乎地跟在老師的後面，沒有解釋的勇氣，茫然不知所措。老師回家做飯的時候，她還傻乎乎地在後面跟著。老師感到很無奈，勉強給了這個小女生一個及格的分數。

後來，兩個人都進入了中央電視臺工作，在電視臺晚會上，她對他說：「假如我們在一起上學的話，可能永遠不會說話。你會認為，人家是北京的女生，怎麼看得上我呢？我卻會想：人家那麼一個大帥哥，又怎麼會瞧得起我呢？」

他，叫白岩松，而她叫張越。

天下無人不敏感，而成功的人之所以成功，是因為他們能夠把敏感轉化為前進的動力，不斷地鼓勵著自己前進。身材弱小的拿破崙當上了法國的皇帝，下身癱瘓的佛蘭克林．羅斯福當上了美國的總統，在人類的歷史上寫下了輝煌的篇章，是因為他們對待敏感地帶從來沒有敏感過。

敏感的情緒可能會時刻伴隨著我們，我們無法做到情緒上的波瀾不驚，但是，我們可以運用自己的聰明才智，把敏感疏引到一個正確的管道。控制自己的敏感情緒，這樣的話，就不會讓敏感如同氾濫的江河一樣淹沒我們的心靈，造成無法彌補的後果，也就不會有任何慘痛的事情發生。

自省，有助於找到人生正確的方向

「一日三省吾身」是君子每日修身養德必做的功課。它告誡人們要時常自省，時時反省。只可惜，在這個物欲膨脹的時代，能做到的人寥寥無幾。我們對別人和外面的世界總是太過關注，往往忽略了自我的認知。發現自我以外的缺憾並不困難，難的是找到自己身上的毛病。唯有自省，才能使人深刻意識到自己的錯誤和不足，才能使人迷途知返，不再重蹈覆轍，找到人生正確的方向。

前兩年，木製的手串在中國銷路很好，一些人便鋌而走險到某些政局不穩的東南亞國家走私木材。定金交了，該疏通的關係也都打理好了，卻被當地警方逮捕了，木料最終還是沒運回來，落個財物兩空的下場。

這些人被釋放回國以後便整天抱怨，說那個國家的商人不講誠信，員警像強盜等。他們把別人數落了一遍，唯獨沒有反省自己的問題。為了掙錢，到本來就危險的環境中做一些違法勾當，最後不僅賠了錢財，還鋃鐺入獄，這實在怪不得別人。網路中有句話說得好，「不作死就不會死」，說的就是這個道理。

對別人再微小的瑕疵，也總能明察秋毫，對自己顯而易見的不足和缺點，總是視而不見。不懂得自省的人，永遠是渾渾噩噩糊裡糊塗地生活，整天只知抱怨別人的種種不好，卻不肯虛心反省自我。不懂得反省的人，總是在同一個問題上反復犯錯，總是在同一個坑裡來回摔跟斗。

在美國，有一位牧師，主持過很多新人的婚禮。他外表看上去非常和藹可親，對自己的兒子卻非常嚴厲，經常因為一點小事把兒子教訓一通。父子倆經常吵得面紅耳赤。

在一次激烈爭吵之後，兒子選擇離家出走。焦急的牧師找到了當地的一位教育學者，訴說自己的苦衷。學者還沒開口，牧師就憤怒地細數兒子的種種不是：總和父母頂撞、晚上很晚回家、背地裡偷偷飲酒、棒球比賽時打傷了同學等。話沒說完，牧師就流下了眼淚，他擔心兒子現在的安危，更不知道兒子為什麼那麼叫人操心。

學者聽了他的抱怨後，語重心長地說：「你每天都在指責兒子的不是，讓他覺得自己就是一個無法變好的孩子，自己永遠不會得到父親的欣賞和喜愛。兒子變成今天的樣子，您有沒有想過自己該承擔怎樣的責任？您每天都在為別人祈福，為什麼不能對自己的兒子多一些寬容和讚美呢？」

學者的話讓牧師恍然大悟。作為一名父親，他的確非常失職。他一直在埋怨孩子，竟然沒想到所有的問題其實都出在自己身上。

自省可以引發我們對過往經歷，特別是失敗經歷的反思。在反思的過程中，我們可以總結失敗的教訓，讓自己的心靈得到救贖。自省就像是電腦裡的殺毒軟體，可以把我們內心中所有的病毒都掃描出來，並啟發我們找到殺毒的最佳方式。隨著我們內心越發乾淨和清澈，生活也會隨之變得舒心起來。如果牧師能夠多一些自省，或許兒子就不會離家出走，他也就不會那樣悔恨和懊惱。

一個人一旦具備了自省的能力，便可以控制自己的欲望和衝動，駕馭自己的思想和心情。因為自省會讓人體會到一種來自內心深處無窮的力量，會讓人在應對各種挫折和挑戰時表現出一種連自己都無法相信的潛力。不僅如此，我們還可以通過自省這面鏡子，客觀真實地認識自我，獲得真正的智慧。

美國著名投資公司 GMO 在剛剛起步時，公司投資人傑瑞米為公司招聘了幾位新人，其中一位叫傑瑞塔。傑瑞塔看上去非常普通，所有人都不對他抱希望。可是三個月過去之後，傑瑞塔的銷售業績卻名列前茅，這讓傑瑞米非常意外。

原來，傑瑞塔自上大學就有「照鏡子」的習慣，並把這個習慣一直堅持了下來。他每天都會給自己制定各種計畫，晚上回家時便對著鏡子自言自語，回顧這一天以來計畫完成的情況，哪些做得好，哪些做得不好。日積月累下來，傑瑞塔對自己的長處和短處都能了然於胸，並能在實際工作中揚長避短。所以，他才會取得如此驕人的銷售業績。

興奮的傑瑞米決定讓傑瑞塔給全公司的銷售人員做一次演講，題目就是《照鏡子的哲學》。後來，傑瑞塔成為公司銷售總監，在全球各地都有他們的業務夥伴。

「照鏡子」就是一種自省。人貴有自知之明，這個世界上最難解的謎題其實就是我們自己。通過自省，通過對自己的剖析，能夠幫助我們抖盡身上的灰塵，幫助我們找到解開謎題的鑰匙，幫助我們在黑暗中找到有光明的方向。學會自省，讓我們擁有超越自我的力量，讓我們成為生活的智者。

蘇聯大文豪高爾基說：「反省是一面瑩澈的鏡子，它可以照見心靈上的污點。」人需要自省，因為每個人都難免有著不足和缺點，通過自省能夠讓我們不斷進步、日臻完善，也能夠讓我們在人生的長河中始終行駛在正確的航道上而不至於迷失方向。

下篇

瞭解情緒，才能改變情緒

PART 6

低落時不妨笑一笑：放下負擔，放下憂鬱的情緒

- 不去追悔昨日的事，不去擔憂明天的事
- 空憂慮就等於浪費青春和美麗
- 懂得自我減壓，才能得到自己想要的幸福
- 打開心扉，陽光就能照進你的心靈
- 快樂，是由計較的多少決定的
- 要有隨時都能從頭再來的勇氣
- 心中多一份坦然，生活也會多一份快樂
- 錯過，反而可能是一種幸運

不去追悔昨日的事，不去擔憂明天的事

每一天都會遇到很多麻煩：早起上班，穿鞋時發現鞋帶斷了，換鞋子晚了一分鐘，沒趕上車；到了公司，發覺上司心情不好；下班後去超市，電梯壞了；去速食店吃晚飯，發現肉燒得過了火候……這些小麻煩，總能讓人煩惱，所以我們經常聽人感歎：「怎麼這麼煩呢！怎麼什麼事都不順心呢！」

一男子整天煩悶，心中有無數煩惱，請求一位禪師幫他開解。禪師聽他細說平日生活的種種煩惱，突然對他說：「幫我倒杯茶水。」男子依言而行。

禪師接著問：「你喝過茶了？」男子點頭。禪師又問：「把煮水的灶具都收拾好了？」男子點頭。片刻之後，禪師又把同樣的問題問了一遍，男子又答了一遍。沒想到禪師又問了第三遍，男子忍不住了：「為什麼一直在說這個問題？」禪師大笑：「你的煩惱，不就是因為把同一件事翻來覆去地想？你不去重複，又哪裡來的煩惱？」男人恍然大悟。

煩惱其實不是什麼大事，很多人儘管煩惱，也懂得一笑而過，翻書一樣翻過一頁，就算過去了。真正讓煩惱成為大事的，是人的心態。有人偏要和自己較勁，越是煩惱越要想，越想就越覺得麻煩，於是，所有的小麻煩都變成了大煩惱。

更可怕的是，世間萬物都有或明顯或隱晦的聯繫，當煩惱多了，就會發現它們彼此盤根錯節，這時，煩惱就變成了鋪天蓋地的羅網，讓人覺得根本無法逃脫，於是，人們繼續煩惱……

古時候有個杞國人，天天擔心頭頂上的天會塌下來，他每天都想著天塌下來，自己一定逃不掉，覺得自己很淒慘。他擔心不已，竟然生起病來。

朋友來看他，問他為了什麼事病得這麼嚴重，他憂心忡忡地將煩惱說了。朋友大笑說：「天怎麼會塌呢！而且，就算天真的塌了，你的擔心就能避免嗎？」

在所有的煩惱中，最麻煩的有兩樣：一是為昨日煩惱，一是為明日憂愁。昨日已去，無法改變，煩惱也是白白浪費感情，世上沒有後悔藥，偏偏人們總是喜歡後悔。明日還不分明，煩惱也抵不過變數，更是無用之舉，偏偏人們就喜歡擔心明天會發生什麼，似乎擔心一下，明天就會變得順心如意。這些人，都是杞人憂天。

時間是一個單向的過程，從昨天通向明天，只在今天稍作停留。它給予我們的只有二十四小時，說長不長，說短不短。利用得好，可以做很多有意義的事，但如果左顧右盼，一會兒想著昨天哪件事沒做好，一會兒想著明天哪件事可能做不好，你還剩多少時間留給自己？留給那些真正該做的事？

煩惱到極點的時候，人們希望煩惱放過自己，讓自己落得片刻清閒，**其實不是煩惱不肯放過你，而是你不肯放過煩惱，不肯放開自己**。總覺得多擔心一點，多做一點，就能讓自己的心情緩解一下，但煩惱不是心靈的放鬆，它只會讓心靈的弦綳得更緊，讓心頭的大石壓得更重。如果自己想不開，不能把煩惱當作一件平常事，不為它浪費時間，任憑旁人如何開解，煩惱仍然是煩惱，根本不會改變。

天下本無事，庸人自擾之。每日只想煩惱，更加看不透其他人事，對於一個人的判斷力也有極大影響。何況，**一個人應該向遠處看，才能走得更遠，只是看到眼前的一點小事，被小事絆住手腳，如何做大事？**

能夠忘卻煩惱，體現了一個人的智慧，也體現了一個人的心胸。人活於世，過好每一個今天，不去追悔昨日的事，不去擔憂明天的事，福樂安康，擺脫煩惱的糾纏。

空憂慮就等於浪費青春和美麗

大多數女人很敏感，這點通常會變成現在所說的憂慮，這是大多數人認可的事實。包括有些女人自己也承認，心事太重，心裡裝不下事，有一點風吹草動就開始擔驚受怕，開始發愁，甚至杞人憂天。誠然，女人較之男人要細緻許多，凡事習慣思前想後，未雨綢繆。但是，換個角度想，男人們常掛在嘴邊的「多事婆」是不是就是因此而來的呢？或者說，即使整天憂心忡忡、愁眉不展，事情就真的得以解決了？

李佳最近一直和老公鬧「冷戰」。她是個心思非常縝密的女人，但個性膽小怕事，凡事思前想後，稍有一點不安心就睡不著覺。正是因為如此，結婚三年來，這種「冷戰」狀態幾乎已經成了他們的家常便飯。有一次，李佳的老公看中了一處房子，所以和她商量想把家裡的積蓄全部拿出來買房，畢竟兩人結婚以來一直租房子住。可是在房子的產權問題上，李佳極為不放心，雖然老公已經從有關部門得到了肯定的回覆，但李佳就是害怕地產商的工程不合法，怕自己的房子沒有法律保障。憂心忡忡地想東想西不說，幾乎每個夜裡她都要把老公叫起來詢問這件事。終於，老公爆發了。他指責李佳神經質、狹隘，說剛剛結婚三年的李佳就把自己變成了「多事婆」，而且嘮叨起來便沒完沒了……

沒有什麼比憂慮使一個女人老得更快，憂慮足以摧殘一個人的容顏、氣質、魅力和幸福感。如果細算起來，生活中能使一個女人產生憂慮的事情簡直是數不勝數，男朋友對自己是否死心塌地？結婚用的房子是否登記在自己名下？結婚後就得要孩子，可是自己不會照顧孩子，孩子的撫養、教育問題都怎麼處理？公司有了兩個升職指標，一個是自己，另一個是誰？能打敗他嗎？想跳槽去一家外企，一切都已妥當，可是萬一試用期過後自己沒有被錄用怎麼辦？公婆年紀大了，遲早要來自己家裡安度晚年，萬一相處不來怎麼辦……諸如此類的問題不勝枚舉，女人，你能承擔起如此繁雜沉重的憂慮嗎？

生活在憂慮之中的女人可以說是度日如年，毫無快樂可言。她們終日裡愁眉不展，瞻前顧後，唯恐哪個細節照顧不周，使自己或家庭的利益受到傷害。為此，她們不再朝氣蓬勃，不再青春靚麗，不再開懷歡樂，早早地凋謝了美麗，被生活浪潮所淹沒。女人，這就是你要的生活和幸福嗎？

是的，憂慮會使女人遠離青春，遠離美麗，甚至遠離快樂和幸福。既然如此，那麼我們為什麼不保持快樂的生活狀態呢？

生活中的許多事情是不能以人的一己意願而發生改變的，即使你百般琢磨，千番算計，憂思不已，這些困難、坎坷甚至危機也不會避你而去。該來的還是要來，**與其憂慮，不如改變自己去努力尋找解決問題的辦法，讓憂慮在我們智慧的光芒下得以消失**。

遠離不必要的憂慮，這樣才能獲得快樂，才能在生活中找到屬於自己的幸福座標。我們在生活中常常能見到這樣的女子：她們風風光光，甚至可以說是沒心沒肺，彷彿都不知道「愁」字怎麼寫，每天都高高興興，無憂無慮。這樣的女人往往是招人喜愛的，有著不一樣的魅力。但是令人不解的是，往往越是這樣無憂無慮「不知愁」的人，她們真的就不會遇到什麼坎坷和危機。似乎真是應驗了那句話，「傻人有傻福」。

如果真的是這樣，那麼做一個這樣可愛而又獨具魅力的「傻人」又何妨呢？

事實就是這樣，你所憂慮的事情，不會隨著你的憂慮加重而逐步減輕。憂慮的物件總是客觀存在的，而經常憂慮是消極的、無用的，重要的是尋找解決問題的良方。空憂慮只能證明你無能為力，浪費情緒和寶貴的時間。對於一個女人來說，最寶貴的財富無疑是青春和美麗，提心吊膽耗費心思的空憂慮就等於浪費青春和美麗，就等於眼睜睜地看著快樂和幸福從自己身邊溜走。

所以，從今天開始，做一個快樂的女人吧！面對還未到來的危機，你當然可以未雨綢繆，可以思考應對的辦法，但是千萬別因為它的到來而影響你的情緒，影響你的生活軌跡。面對突如其來的變故，你當然需要解決和承擔，但是千萬別沉淪其中，因為烏雲不可能永遠遮蔽天空，而最美的彩虹一定是出現在風雨之後。所以，你要時刻保持輕鬆、坦然、從容、快樂、微笑，不要停止追逐美好的生活和尋找幸福。這樣，你將永遠保持青春、自信和美麗。

如果你正是這樣一個女人，那麼你就應該能感受到，你的魅力，足以令周圍所有的人傾慕和愛戴。

懂得自我減壓，才能得到自己想要的幸福

有這樣一句話：「在生命之旅中我們必須擁有這樣一種風度：失敗與挫折，不過是一個記憶，僅僅是一個名詞而已，它們不會增加生命的負重。帶著傷痕把勝利的大旗插上成功的高地，在硝煙中露出自豪的笑容，才是人生的又一份精彩……」這是面對生命、面對挑戰和苦難時的一種坦然，是一種微笑著面對人生的態度。這種微笑是自己給予的，也是我們每個人應該繪製在自己心靈上的。

為自己的心靈畫一張笑臉，人生之路就不會如想像中那般漫長而充滿煩惱。將人生道路中的種種艱難險阻看成一種考驗。即使跌倒了，也不會因為懼怕疼痛而輕言放棄，不再因為生活中偶爾出現的不如意而歎息，也不會隨便給自己的生活增加負擔。懂得給自己的心靈繪製笑臉的人，他不會讓悲觀失望長時間主宰自己的人生。他懂得人生需要減去負能量，也擅長為自己的生活做減法。

二戰期間，有一位名叫伊莉莎白．康黎的女士失去了她唯一的兒子。喪子之痛讓她對自己的人生心灰意懶，準備去鄉下了此餘生。但就在她準備行囊的時候，無意中發現了兒子生前寫的一封信，信中有這樣一句話：「無論身在哪裡，也不管遇到什麼樣的災難，我都要勇敢地面對生活，就像真正的男子漢那樣，用微笑承受一切不幸和痛苦。」兒子的這段話就像一顆炸彈，在伊莉莎白．康黎的心靈深處炸開。她想到，

一定有很多像她一樣的母親在戰爭中失去了兒子或者其他親人，她們的心情一定也和她一般。於是，她放棄去鄉下了此餘生的念頭，拿起了筆，在紙上寫出了自己的所有真情。最終，她成為一位知名的作家。

伊莉莎白·康黎之所以能夠勇敢而樂觀地生活下去，是因為兒子信中的語言給了她鼓勵。她明白人的一生不可能一帆風順，既然逝去的已經無法挽回，為何不珍惜現在呢？於是她在自己的心靈上繪製了一個笑臉，為自己也為已逝的兒子活出了精彩。

如果一個人擁有陰暗心靈，那麼他的人生也是寂寞而沉重的。因為陰暗的心靈只會讓我們計較太多，計較太多又會讓生活變得沉重而雜亂，任何人在沉重雜亂的生活中都是無法享受到幸福感的。所以，讓我們的心靈擺脫陰暗的糾纏，為心靈畫一張笑臉，是我們獲得輕鬆幸福生活的最佳選擇。相信每個人都希望自己過得幸福而快樂，唯有輕鬆的心靈才可以讓人們臉上的笑容更燦爛。

為心靈畫一張笑臉，讓自己擁有一個樂觀向上的人生態度；為心靈畫一張笑臉，讓自己擁有一份面對艱難困苦的勇氣；為心靈畫一張笑臉，讓自己擁有一份面對人生的平和。只要我們不放棄心中的希望與夢想，就一定能在苦難的生活中綻放出最美麗的花。

沉重並非人生的代名詞，現今社會的人們，為了能過上自己理想中的幸福生活，表面上用盡各種手段不停地為幸福奮鬥，實質上卻不斷將各種各樣的壓力和包袱強加在自己身上。所以有很多人在感歎人生的不容易，抱怨生活給予的壓力太重……

生活中我們要懂得自我減壓，過重的負擔只會讓我們失去面對人生的勇氣；只有適當地為生活做做減法，我們才能夠在輕鬆快樂中得到自己想要的幸福。

我們知道，不管是哪種笑，似乎都擁有一種神奇的力量。心靈上的神奇笑臉，足以讓我們面對一切的時候綻放出微笑。這微笑是一種釋然，也是一份淡定，在這種微笑下，再煩惱的事情也會變得雲淡風輕。對著鏡中的自己笑，鏡中的笑容會給我們一份自信；對著明亮的窗子笑，窗外的陽光會聚集在一起大聲地為我們加油吶喊；對著自己的人生笑，人生會回報我們一份簡單卻難求的幸福。

在一本正能量的讀物中看到這樣一個故事：

李歡最近很沮喪，一連串的打擊讓她覺得人活著簡直就是一種煎熬。先是在公司進行的升職考核中，李歡雖然取得了優異的成績，卻被一個公司某主管的侄兒佔據了她夢寐以求的職位。後來苦追自己三年，已經求婚的男友忽然提出分手，說是他另有所愛了。職場失意本來心中就鬱悶，李歡沒想到自己竟然情場也失意了，頓時覺得人生沒了追求，於是向公司的老總請了一周的假，打算躲起來療傷。

一天傍晚，她正在家附近的廣場上走走，忽然看到一個小孩子拿著粉筆在地上不停地畫著笑臉。於是她走上前去，問那孩子為什麼畫那麼多笑臉。孩子說，老師曾經說，要是不快樂的時候就要為自己畫個笑臉，那樣就會快樂。剛剛媽媽和爸爸吵架了，所以他畫很多的笑臉，希望爸爸和媽媽快樂！李歡忽然想開了，她假期還沒結束就回到了公司，一改之前的沮喪，又變成了一個積極向上的職場精英。

正如故事中所說：「為自己畫一張笑臉，那樣就會快樂。」**要是給自己的心靈上畫一張笑臉，那麼心靈就是快樂的**。一個快樂的心靈，當然也能夠快樂地面對人生。剔除生活中的羈絆，也就等於拔出了心中的毒素，心中沒有了毒素，希望的陽光自然就是心靈中唯一的進駐物了。

打開心扉，陽光就能照進你的心靈

在現代社會中，許多人都喜歡「宅」在家裡。「宅男宅女」似乎成為社會的一種時尚，雖然這只是個人的一種生活方式，不會對他人造成任何影響，但是久而久之，勢必會使自己愈加封閉，思想行為與社會產生偏離。季羨林老先生在給老朋友的忠告中，提出過——「切忌自我封閉」，雖然他針對的是老年人，但是對當下的我們也是一種忠告。要知道，封閉自己不僅僅是對自己空間上的限制，更重要的是思想上的禁錮，久而久之，整個人會因為看不到外面的陽光而變得陰暗起來。

有這樣一則故事：有一家有兩個分別四五歲的男孩，這兩兄弟所住臥室的房間裡面總是十分黑暗，因為他們臥室的窗戶總是緊緊關閉著。兄弟倆的心理也變得十分陰暗，每天都悶悶不樂的，對什麼事情都提不起興趣。這兩個孩子每次看到外面陽光燦爛，心裡面便非常羨慕，渴望把這樣的陽光也帶到自己的臥室裡面來，於是他們商量決定，用掃帚把陽光掃一點進來。他們便開始行動，一個拿掃帚一個拿簸箕，跑到陽臺上認真地去掃陽光了。等他們小心地把掃進簸箕裡的陽光搬到房間裡的時候，陽光卻不見了。

他們十分詫異，便一次一次地掃了很多次，陽光還是到了屋子裡面便不見了。這時候媽媽看到了這兩個孩子的舉動，好奇地問道：「你們這是在做什麼呢？」這兄弟倆便說：「我們要掃一些陽光到屋子裡，因為裡面太黑暗了。」媽媽笑著跟他們說：「親愛的孩子，你們去把窗戶打開試試，看陽光是否進到屋子裡。」

如果將窗戶緊閉，陽光自然是無法進來的。如果我們把自己的心門關得太嚴密，快樂的陽光無法進來驅散不良的情緒，久而久之也會使自己變得更加敏感、抑鬱起來。

起初我們每個人的心扉都是敞開的，內心充滿了溫暖的陽光。然而，隨著年齡的增長和經歷過種種挫折、失敗之後，心中的大門就難免會關閉，只留下黑暗和陰影。總是害怕別人會窺視到自己的秘密和傷痛，總是擔心有人會傷害到自己脆弱的心靈。於是，在與別人相處的過程中，變得越來越敏感，沒有了真誠和信任，有的只是人為的高牆和不可逾越的鴻溝。

很多時候，我們的心也會泛起陣陣漣漪，也想敞開心扉使緊閉的心靈舒一口氣。然而當我們打開一點點小縫，卻發現別人的心依然如故，於是我們怕了，退縮了。因為我們還在乎那一文不值的可憐自尊，擔心自己的一廂情願換來別人的冷漠相對，於是寧願退回到自己的心牆之內，再也不敢跨出半步。

另外，當我們在生活中遇到不愉快的時候，最好的方式就是將自己平時的不良情緒以適當的方式發洩出來，及時地敞開心扉，給我們的內心增加一些快樂的陽光。發洩的方式也是多種多樣的，例如與家人一起外出度假，多出去散步，多出去運動等等。

只要光明進來了，一切陰霾都會煙消雲散。所以，不要再猶豫了，打開心靈的窗戶，讓陽光及時照進來吧！**掃除內心的黑暗與陰影非常簡單。只要把自己的心扉敞開，讓陽光照進來就可以了。**無論別人怎樣對待我們，如何去做，因為我們是我們自己，不是別人，我們所做的一切，都是為了自己。當我們真正打開心扉時，就會覺得天地真的很寬敞，心的舞臺也是極大的。

快樂，是由計較的多少決定的

一位名人曾說過：「這世界上有八成的人太徬徨、太猶豫、太懶惰，但有兩成的人活得太努力。太努力也是會徬徨的，但是，你還是得努力，到最後，再來放棄你的努力。」

我們拿女性來舉例：一個女人在二十幾歲時可以無所顧忌地跳槽，可能是因為她還沒有自己的人生定位。而一個三十幾歲的女人選擇放棄已經獲得的成功，重新開始新的事業與生活，那必定要有堅忍不拔的勇氣與毅力。

于藍二〇〇〇年從一所大學的法律系畢業，這一年的就業政策是，學生都要到企業鍛煉一年。就這樣，她到了一家工廠，做起了鉗工。那時的她堅信，改變命運的方法就是考律師。

最終，她拿到了律師資格證書，也因此順理成章地成為一名律師。在從事律師近三年後，她遇到一位來自香港的老闆，其人格魅力對她的性格產生了潛移默化的影響。更重要的是，這位老闆給了她一個舞臺去充分施展，于藍從此又成了一名銷售人員。

其中的得失可謂一目了然。但是，于藍完全適應了新的挑戰。在銷售工作中，她最大的感受就是：既然改變不了客戶，就只有不斷提升自己。

五年後，她獲得了人生的第一桶金：能力的積累、經驗的積累、人際關係的積累，以及一些原始資金的積累。不僅如此，在做銷售工作期間，公司發展迅速，公司的培訓總是跟不上。因此，每次到總公司培訓完之後，回到自己的崗位，她又會一樣畫葫蘆畫地做公司內部的培訓。

於是，她將自己培訓時聽來的東西和自己實際中遇到的問題結合起來，再用自己的語言講述出來。她發現每次講完之後，反響非常好，大家改變也很大，之後的業績也蒸蒸日上，因為她講的完全是從實踐中得到的經驗。慢慢地，她發現自己在講臺上非常有感覺，那種狀態就是：無論心情好壞，身體是否舒服，只要一站在講臺上，就會特別投入，神采奕奕，感覺也特別好。

就這樣，她放棄了從事五年的銷售工作，選擇做一名專業的培訓師。

其實，在面對每一次選擇和放棄之際，她的內心一定不平靜，肯定經歷了權衡得失平衡的痛苦。所幸的是，她承受住了因失去一些東西而帶來的痛苦，才有了在未來的領域中獲得更大成功的可能性。

儘管如此，大多數人還是不肯放棄，為一個放棄了也不會損失什麼的工作而糾結；為一個不愛你的人而痛不欲生，甚至捨不得放棄自己的惆悵和憂鬱。

也許她們在思考：什麼該放棄，什麼不該放棄呢？殊不知，為了那些不能放棄的東西，人們卻放棄了生命中最重要的事情。諸如：工作狂的父親為了成就感與責任感，放棄孩子們的童年；女人為了愛情而放棄了自己生命可能挖掘的深度；戀人們為一時的斤斤計較和面子之爭放棄了愛情……

無可選擇的人生是無奈的，無從選擇的人生則是可悲的。雖然失去是痛的，但是人生不就是在經歷一陣陣痛後才逐漸圓滿的嗎？

因此，女人必須明白這樣一個道理：選擇和放棄是道單選題，只有A和B沒有AB。

當然，這樣一個淺顯的道理，卻會給每個站在「是選擇，還是放棄」關口的人平添很多困惑：選擇越多，失去也越多，後悔也越多，痛苦也越多，就像泰倫斯所描繪的「我周圍都是洞，到處都在不斷地流失」的狀態。

關於這一點，二〇〇二年諾貝爾經濟學獎得主丹尼爾．卡尼曼經過研究給出了解釋：失去一百元帶來的痛苦，遠遠大於得到一百元帶來的滿足。可見，得到某些東西的希望，根本無法安慰和撫平可能失去什麼的不安。

好吧！從此刻開始，收拾好心情，自信地向前。錯過花，你將收穫蝶；錯過他，你才會遇到真命天子。也只有繼續走，你才能收穫更多的幸福。

一個人的快樂，並非由他擁有的多少決定，而是由他計較的多少決定的。擁有的多，是負擔，事實上是另一種失去。少，並非不夠，而是另一種富餘。捨棄也不一定是失去，而是另一種擁有的方式。

要有隨時都能從頭再來的勇氣

人生有時候就像大海，總有潮漲潮落。既然大家都喜歡潮起時的澎湃心情，也要經得起低潮時的失落和傷心。生活是一個漫長的路程，這樣的潮漲潮落我們不知道要經歷多少次。而沒有潮落的對比，就更加沒法彰顯出潮漲的美麗和壯觀。

所以，不要因為一次失敗而去否定自己，對自己和人生失去信心。**輸贏只是暫時的，我們要用平常心去看待人生中的起落，要有隨時都能從頭再來的勇氣。**

一九八九年，大學畢業後的史玉柱開始了自己的創業之路。他向別人借來了四千元（約二萬元台幣）作為啟動資金，然後開始研發排版軟體。這個項目，讓他用了短短幾個月的時間，就擁有了百萬餘元的資產。兩年後，史玉柱成立了新公司，主要經營電腦和軟體的銷售。僅僅是這兩項，就讓他拿到了高達三億多元的銷售額。他所經營的這家公司，一度躍升為中國第二大民營高科技企業。

一九九五年，史玉柱又將觸角伸向了保健品，先後推出了十二種大家熟知的產品，迅速佔領了中國保健品業的高端市場。這一成就讓他登上了《福布斯》的富豪排行榜，而這距離史玉柱大學畢業只有六年。

然而，迎來輝煌後的史玉柱卻遭受到了一次重大的人生危機。可能是財富的迅速累積讓史玉柱掉以輕心，接下來的日子裡，他展開了一系列盲目的擴張和投資，慢慢地，資金鏈斷裂了。三番五次之後，史玉柱走到了破產的邊緣。一夜之間，這個年輕的富豪變成了一無所有的窮人，更可悲的是他還背負了兩億多元的債務。

當時，人們都覺得史玉柱完了，這個巨大的打擊換了誰恐怕都難以承受。然而，史玉柱卻做出了讓所有人都沒有想到的舉動，他不僅沒有認輸，而且再一次以一個超人的姿態迅速站了起來。

一九九八年，史玉柱和老部下開始了二次創業，僅僅兩年時間，他們所開發出的保健品成了家喻戶曉的產品，銷售額每年都在突破。這一次成功，不僅讓史玉柱在短時間內還清了所有的債務，還讓他再一次變成了一個擁有巨額財富資本的成功者。

這僅僅是個開始，二〇〇七年十一月一日，史玉柱迎來了再一次的騰飛，他所創辦的「巨人網路」在美國紐約交易所成功上市，這次飛越使得「巨人」成為國內最大的網遊公司以及在美國上市最大的中國民營企業。

經歷過風雨打擊的史玉柱，用不怕輸、不低頭的良好心態迎來了人生的一道絢麗霞光。

每個人都有可能經歷失敗。但經歷失敗不一定是壞事，它往往會讓我們看清自我。犯錯並不要緊，只要我們能從錯誤和失敗當中吸取經驗，並有勇氣從頭再來，那就一定能超越困境，邁向成功。但前提是我們需要讓自己保持空杯的心態，隨時隨地都有勇氣接受歸零的人生。

假如當初史玉柱不具備這樣的「空杯」心態，一味地沉浸在昔日的榮光和現實的落差裡不肯走出來，被破產的公司和兩億多元債務所壓制的他永遠都不會有翻身之日。

只有保持「空杯」的心態，敢於隨時主動倒掉昔日成功的光環和今朝潰敗得一塌糊塗的教訓，選擇一切從零起步，才能成為在困境中也絕不放棄希望的榜樣和經典。

就像幼蝶在繭中掙扎，是生命過程中不可缺少的一部分一樣，逆境也是我們一生中不可或缺的因素。破繭的過程，能讓幼蝶的身體更加結實、翅膀更有力，而逆境的歷練，是為了讓我們懂得如何能夠以強壯的心態，去面對人生的風雨。

正如巴頓將軍所說的那樣：**「成功的考驗並不是你在山頂時會做什麼，而是你在谷底時能向上跳多高。」**

演說家在一次討論會上，高舉著一張二十美元的鈔票對著會上的人問：「有誰想要我手裡這二十美元？」話音一落，所有人的手都高高地舉了起來。演說家接著說道：「我保證，今天我將會把這二十美元送給在座的其中一人，但是，在此之前，我要先做一件事情。」說著，演說家將手裡的鈔票揉成了一團，鈔票立即變得皺皺巴巴了。

演說家再次問：「現在，誰還想要它？」這一次，仍然有不少人再次舉起了手。

接著，演說家將那張皺皺巴巴的二十美元扔到了地上，然後用雙腳不停地踩踏它，鈔票變得髒兮兮的。演說家再次將它拿起來，向在座的人問道：「現在，還有人想要它嗎？」

這一次，只有幾個人舉起了他們的手。演說家微笑地說道：「朋友們，瞧吧！無論我手裡的這張鈔票是新的還是舊的，也不管我如何去蹂躪它，總還是有人想要擁有它。這是因為，不管它經歷了什麼，它依然沒有貶值，依舊價值二十美元。」

其實，在人生路上，我們又何嘗不是那「二十美元」呢？現實中有太多的人無數次被逆境擊倒、欺凌，人們也常覺得自己一文不值！事實上，生命的價值是不會隨著我們遇到的挫折或是困境而改變的。

人們之所以會看不開，很多時候是因為內心被填滿了。因為短暫的成功，我們就把自己擺在一個高臺上，所以，當摔下去的時候，我們會覺得苦不堪言。想要避免這種痛苦，就永遠讓自己保持「空杯」狀態吧！

心中多一份坦然，生活也會多一份快樂

我們面對生活常常會禁不住感歎：「人活著真累！」、「這樣的日子什麼時候才到盡頭啊！」、「我這樣辛苦到底是為了什麼呢？」、「今天還有這麼多的工作沒完成，哎，晚上又不能睡覺了！」、「老闆怎麼回事，老看我不順眼！」等等，似乎在一些不順心的日子裡，我們總感覺到自己活得很累，生活毫無樂趣可言。我們會不由自主地抱怨生活給予我們的磨難，會抱怨命運的不公，也會責怨上帝的偏袒。羨慕著他人的幸福，嫉妒著他人的好運，無法坦然地面對自己的人生。

那麼什麼是坦然呢？坦然是失意後的一種樂觀，坦然是沮喪時的一種自我調整，坦然是來自平淡中的一份自信，坦然是面對人生百態時的一種瀟灑，坦然是發自內心的一份快樂。

生活就像是一面鏡子，當我們對著它笑的時候它就以微笑回報我們，當我們對著它哭的時候它也會哭喪著臉面對我們。其實生活中的種種不順心以及令我們痛苦的事情，很多時候是因為我們自己的心態，是因為對於一些事情我們始終無法釋懷，遇到事情的時候看不開也看不淡，所以才會深陷在生活的痛苦中無法自拔，沉浸在悲傷中無法釋懷。其實快樂很簡單，只要我們在自己的胸襟中多一份坦然，在我們的意念裡多一絲淡定，那麼我們的人生就可以充滿鳥語花香，也能夠被歡聲笑語包圍，並且我們還有可能在那份坦然中收穫驚喜。

著名的發明家愛迪生在發明電燈泡的時候，先後做了一千五百多次試驗都沒有找到適合做電燈燈絲的材料。於是有人嘲笑他說：「愛迪生先生，你已經失敗一千五百多次了。難道你要繼續失敗下去，等著接受眾人的嘲笑嗎？」愛迪生並沒有惱羞成怒，也沒有因此人的話垂頭喪氣，而是十分坦然地回答那個人：「您說的不對，我並沒有失敗，我的成績就是發現了一千五百多種材料不適合做電燈的燈絲。」

事例中的愛迪生面對他人的譏諷不慍不火，在面對失敗的時候仍然能夠以一份坦然淡定的心態去面對。由此我們可以知道，一個人能不能坦然地面對自己的失敗，面對自己人生路上的挫折，與一些外在條件是毫無關聯的，主要在於一個人的內心，在於他能否以一顆坦然淡定的心去面對人生。

所以，如果在我們的人生中，我們正經歷著一些失敗，並且遭遇到一些挫折，或者我們的心靈因為一些事情而承受煎熬，那麼就不要再煩惱，也不要因此失望，更不能放棄，我們應該坦然去面對，去面對那些使人痛苦的挫折、失敗和煎熬，因為減去牽絆，多一份坦然，這份坦然足以讓我們重新找回對生活的希望。我們不得不承認，在我們的生活中，有許多的成敗與得失，並不是我們能夠事先預料到的，很多的事情也並不是我們承擔得起的。但是，只要我們努力去做，積極地去面對一切，只要能夠求得付出後的一份坦然，其實這也算是一種快樂。

哭，並不代表屈服；讓步，並不表示認輸；放手，並沒有宣告放棄。面對生活中的無奈，或許我們可以用淚水來宣洩自己的情緒，但是絕不能用淚水來表示自己的軟弱；在與他人的爭執中，我們可以做出讓步，那是表明自己的一種寬容和豁達，而絕不代表自己就此認輸；在對於事情的追求中，我們一時的放手，也不是宣告自己的放棄，而是向對手宣言，這次的放棄是為了下次更好地得到。

一八一六年，林肯和他的家人被趕出了家門，他必須外出工作來維持家計，那時他只是一個七歲的孩子。後來不到兩年的時間，他最愛的母親離世，他的工作也一度失敗，生活十分困苦。一八三二年，他參選了州議員，但是落選了，而且還丟了自己賴以生存的工作。他不得不向自己的朋友借一些錢，希望通過經商來改變現在的窘狀，但是命運又給他重重一擊，他生意慘澹，不到一年，他已經賠得身無分文，還欠下了很多債務，他用了很多年才把這些債務還清。之後當他再次參選州議員的時候，這次命運終於垂青了他，他成功了，這對於林肯來說無疑是一個最大的鼓舞。在一八六〇年，他終於迎來了事業的巔峰，當選為美國總統。他的人生失敗了三十五次之多，其中只成功了三次。他說：「此路艱辛而泥濘，我一隻腳滑了一下，另一隻腳因此站不穩。但我緩口氣，告訴自己，這不過是滑了一跤，並不是死去而爬不起來。」也正是因為他有這樣的胸懷，才能在失敗幾十次之後還記得鼓勵自己站起來，勇敢地向前看。

在我們看來，努力過幾次之後如果還是失敗，肯定是會大大挫敗我們的信心和勇氣的，更別提林肯失敗了三十五次之多，就可想而知那該需要多大的毅力，才能讓他自己一直堅持到最後，甚至還越挫越勇。失敗總是讓人有些措手不及，卻常常是因果所致，我們需要不斷給自己繼續下去的毅力，更多的時候是要鼓勵自己，能正視自己的失敗，能夠看著那些慘痛的經歷還能從容地從中挑出失敗點予以更正。

現今，流光溢彩的世界不斷吸引著人們的眼球，使人們將更多的注意力放在物質上，以至於讓自己的心靈變得空虛而浮躁。該如何擺脫那些讓我們困惑和不快樂的事，尋求一種內心的平靜呢？最好的辦法就是減去那許多的牽絆，讓自己心中多一份坦然。「天空留不下我的痕跡，但我已飛過。」其實，這就是對坦然最好的詮釋。面對五彩繽紛的現今社會，我們應該放下那些牽絆和計較，**讓自己心中多一份坦然，這樣我們的生活也會多一份快樂。**

錯過，反而可能是一種幸運

我們不是聖人，經常會在有意或是無意之中，錯過一些事情。或許你曾經因為疏忽，忘記了與女友約會的時間，忘記了女友的生日；或許你忘記了某個重要的面試日期，錯過了獲得好工作的機會；或許你錯過了最後一班回家的公車，錯過了與親人團聚的機會……面對這些，你是不是整天都在抱怨與歎息之中度過呢？

你的回答要是「是」的話，那麼請你趕緊停止。因為你的人生大可不必如此，錯過了愛情，你還有朋友；錯過了工作，你還有自由……也許有一天，你會驚訝地發現：原來錯過了並不是一件糟糕的事情，反而可能是一種幸運。既然如此，又何必抱怨與歎息呢？

有一年，美國一所著名的大學要在中國招收學生，名額只有一個。被招收的學生的全部費用將由美國政府來出。很多學生報名參加了初試，但初試結束後，只有十幾名學生合格，能進入下一輪面試。到了面試那一天，這些學生以及他們的家長都來到飯店靜候面試。主考官剛出現在大廳裡，學生們便一擁而上，將他團團圍住。他們用流利的英語跟主考官交流，甚至還做起了自我介紹。然而，只有一名學生由於動作太慢，沒能接近主考官，為此他心裡感到一絲失落與懊惱。

這名學生認為自己不可能被錄取了，於是準備離開。而就在此時，他突然發現大廳的角落有一個外國女士，正在茫然地看著窗外。這個學生心想：「她不會是遇到什麼麻煩了吧？我過去看看能不能幫上她的忙。」這個學生走近那位女士，有禮貌地跟她打了招呼並簡單介紹了一下自己，最後問：「您是不是需要幫忙呢？」女士說：「謝謝你的好意，我暫時不需要。」接下來，女士又問了一些這個學生的情況，兩人越聊越投機，談得很愉快。

第二天，這個學生收到了主考官的通知，他被錄取了。這個學生得知這個消息後十分高興，後來他才知道，原來那位女士就是主考官的夫人。

看來，錯過了美麗的花朵，收穫的並不一定是凋殘的枝葉，有時收穫的就是碩果。所以，當我們用盡心力去完成一件事情而沒有得到回報的時候，千萬不要悲觀失望，更不要停止前進的步伐。因為，前方有更好的機會正在向我們招手。是的，不要再為錯過而抱怨了，關鍵要看看你能收穫什麼。

其實，**錯過本身未必不是一種美麗，從長遠來看，這些錯過也未必就是更大的不幸**。如果在種種情緒背後，你時常為錯過感到慶幸而不是抱怨的話，那麼恭喜你，你已經學會欣賞錯過了。

我大學畢業那時，進入北京的一家公司當職員。從我家到公司坐公車需要花費半個小時的時間。每天一大早，我就要去擠公車。雖然半個小時的路程並不長，可是因為這趟公車有幾站停靠在地鐵口附近，所以每天都非常擁擠，我常常因為擁擠而懊惱、抱怨。

有一天，我起床稍微晚了一點，來到公車站等了三輛車都沒有擠上去。我心裡懊惱不已，抱怨自己的運氣怎麼就這麼不好。無奈之下，我只能再等下一輛公車。等到公車停靠在路邊的時候，人們還是一擁而上，我雖然「努力」了，可還是被擠了下來。望著漸行漸遠的公車，看著上班時間越來越近，我當時心裡更加著急了，心情糟糕透了，差點決定步行上班去。

就在這時，後面又來了一輛公車，由於等車的人已經不多了，所以我順利地上了車，過了兩站，還得到了一個座位。當時，我感到非常高興，忘記了錯過前面幾輛車的不愉快。最終，我在最後一刻之前到達了公司。看來，上天還是眷顧著我啊！

不管錯過什麼，都要淡定地告訴自己，其實，錯過也是一種收穫，或許我們還沒有看清這些收穫，但是它一直都在那裡，靜靜地等待著我們不斷地去感悟它、發掘它，直到最終擁有它。

同樣的生活，可以讓人意志消沉，也可以讓人百煉成鋼，其中的關鍵在於你究竟怎樣面對。**如果你堅信生活是美好的，並用淡定的心態面對錯過，那麼你的心情也將是快樂的，而你也會是一個幸運的人。**當你不再為錯過的或者缺少的東西而怨天尤人，不再為不確定的將來憂心忡忡時，那麼，你就能夠從中得到生活的樂趣，收穫屬於自己的碩果。

PART 7

沒有抱怨，快樂才會常伴：身上充滿怨氣，生活會越來越幽怨

- 縮小痛苦，放大快樂
- 摒棄抱怨，讓心靈重歸和諧與平靜
- 行動起來，用能力改變滿嘴的抱怨
- 認真地微笑，生活就沒有煩惱
- 優秀人的共通之處是不抱怨，並且解決問題
- 只有抱怨不會成長
- 好好生活，其他事交給上天

縮小痛苦，放大快樂

不知何處，看到過一句話：讀喜歡的書，愛喜歡的人。如此簡單，如此美好。像午後窗欄下，慢慢呈現於繡布上的幽蘭，兩三筆，幾片葉，甚是簡潔，甚是美好。又或像閑坐躺椅，以書蓋臉，短短一個盹兒，和著一簾清夢，遨遊天地。夢醒，情景已模糊不堪，但也無妨！

我們常常覺得累，痛苦與焦慮甚至抱怨都在不經意間佔據了我們的心靈，讓我們的負面情緒越積越多，最終難以自拔。其中固然有世事變化無常的原因，但更重要的一個原因就是我們走入了一個誤區——放大了痛苦與焦慮。很多時候，我們面臨不幸，痛苦被放大了，抱怨越來越多，心情也越來越糟糕。

古時候，同村的兩個秀才一起趕赴京城參加科舉考試，兩人在一個小店租了一間屋子同住。就在考試的前一天晚上，這家店被小偷洗劫了。這兩個秀才也不例外，身上的錢財以及包袱裡的衣服都被小偷偷走了，他們可謂是一無所有了。

在這種打擊面前，兩個秀才卻有不同的心態。甲秀才想：「這也許是上天對我的一次重大考驗吧。『天將降大任於斯人也，必先苦其心志』。或許這次我就能考上。」想到這裡，他把錢財、衣服被盜的事情都拋到了腦後，然後安心地睡了一覺，第二天精神抖擻地走進考場，結果金榜題名。

乙秀才則是想：「這下子全完了，要是這次沒有考上，又沒有了盤纏，怎麼回家呢？怎麼面對父老鄉親呢？」他還不斷地抱怨小偷，整晚都想這些事情，第二天心事重重地走進考場，結果名落孫山。

甲秀才之所以能金榜題名，一個重要的原因就是他樂觀的心態，這使他能縮小痛苦，放大快樂。相反，乙秀才之所以榜上無名是因為他心事重重，憑空增加了自己的心理負擔，放大了痛苦，自然沒能榜上有名。

在上班路上，遇到了堵車可能會遲到，這是一件很普通的事情。可是，有的人偏偏進行了無限聯想：遲到了不僅會被批評，而且還會扣獎金，影響到年終考核，甚至影響晉升……根據這個邏輯，可以想像這樣的人該有多麼痛苦，活得該有多麼辛苦。

選擇了放大痛苦，那麼痛苦就會佔據你的視野，你的壞情緒也就會隨之放大。在人生路上，背著這麼大的痛苦上路，被這麼大的壞情緒影響，你的腳步會越來越沉重，路也會越走越窄。

孩子感冒了，焦急的母親一邊守著孩子，一邊又焦急地想著：孩子的學習肯定會被耽誤，肯定會影響期末成績，肯定會影響升學，肯定會影響就業……在她看來，一場病就會耽誤孩子的一生。這種「破壞性」的聯想實在要不得。

盧梭說過：「除了身體的痛苦和良心的責備以外，一切痛苦都是想像出來的。」有時候，那些讓人傷心、痛苦、焦慮的事情並非有多麼嚴重，只不過有些人愛瞎想，會「想像」出很多痛苦。

有一天，一位老婦人不小心將一個雞蛋打破了。本來一個雞蛋破了也不是什麼大事，可是，這個老婦人卻覺得自己受到了不可估量的損失。她想到：如果這個雞蛋沒有破碎，那麼可以孵化出一隻小雞。如果孵化出來的是母雞，那麼它長大後又會產下很多蛋。那些蛋又可以孵化出很多小雞。雞生蛋，蛋生雞，這樣下去的話，那我豈不是失去了一個養雞場？最後，老婦人痛苦萬分。

這聽起來似乎太誇張了，但生活中這樣的人偏偏還很多。他們把原本的小痛苦無限放大，結果自己沉溺其中，不能自拔。

心理學家曾做過一個有趣的實驗，目的是研究人們常常憂慮的令人煩惱的問題。心理學家要求實驗者在週末晚上將未來一周內所有的憂慮和煩惱寫下來，然後投入一個指定的「煩惱箱」裡。三個星期之後，心理學家打開了這個「煩惱箱」，經過核對發現，很多人的「煩惱」並沒有出現在生活中。由此看出，煩惱真是人們自己尋來的。

放大痛苦的人愛抱怨，原因就是他們沒有認識到痛苦與挫折的客觀性。其實，遭受挫折是一件非常平常的事，這本就是生活的一部分。沒有挫折，人的生活是不完美的。

放大痛苦的人愛抱怨，因為他們沒有找到背後的心理原因。他們不知道是否自己太過追求完美，是否太看重事情的結果，是否太注重他人的評價。

放大痛苦的人愛抱怨，因為他們沒有正視現實的壓力。苦惱的產生，常常由於生活中有一些我們不願面對的現實壓力、心理衝突，如婚姻中的矛盾、工作中的壓力、人際交往的衝突等。人們由於一時束手無策，所以滋生了抱怨心理。我們要做的是學會正視它們，並及時解決它們。

放大快樂，就是珍惜眼前的每一個小小的快樂。清晨起床，拉開窗簾，看到的是好天氣、上下班的時候沒有堵車、工作的時候被主管讚揚了一句、獎金漲了一千塊……這些都是值得我們快樂的理由，將它們當作很大的快樂對待，我們就能從中獲得持久的回味。

一個人的快樂程度，並非由他擁有多少財富決定，而是取決於他看待生活的方式。一個悲觀的人，即使腰纏萬貫也會每日忐忑不安、而一個樂觀的人，即使收入有限也能享受生活的樂趣。**縮小痛苦，放大快樂，其實這就是我們要選擇的生活態度**。即便人生有些許遺憾，但它仍會是美麗和精彩的。

摒棄抱怨，讓心靈重歸和諧與平靜

抱怨是最無能的發洩，卻是最常見的。有些人似乎養成了一種抱怨的惡習，但凡心情不順，便滿腹牢騷，各種大大小小的事件，都會成為抱怨的目標。

繁忙的工作、忙碌的生活、微薄的薪水、不順的溝通、波折的情感乃至變化的天氣，都會引起不悅，最後抱怨不斷。

然而，抱怨的後果是什麼呢？如果一個人從早到晚逢人就大吐苦水，結果只會越來越糟。你的身心不僅不會因抱怨而舒暢，也會引起對方的反感。之後你的抱怨更加嚴重，心境更加糟糕。

遇到麻煩便抱怨個不停是最不明智的選擇，對問題的解決沒有任何作用。一旦出現問題，便向他人射出抱怨之箭，其結果不過是傷人害己。做不抱怨的人，既是一種寬人善己的態度，也是一種成熟的標誌。只有停止抱怨，你才能積極尋求有效的解決方法。

我有一個朋友，叫小瑾。她是城市女孩，愛上了一個農村男生。嫁給丈夫已快兩年，育有一女孩。當初小瑾不顧父母的反對，毅然從城市嫁到農村。丈夫是本分的農民，當初小瑾也正是看中了丈夫的真誠，才義無反顧地跟他來到農村。小瑾娘家雖說不上很有錢，但小康有餘，家裡又只有小瑾一個孩子，因此小瑾從小便過著公主般的生活。相對於小瑾家的富足，丈夫家則寒酸得多，紅磚房，只能算溫飽生活。

當初小瑾認為只要有愛情，其他的一切都不算什麼，現在她卻受不了了。在小瑾的堅持下，丈夫沒有再外出工作，同時也是為了照顧年邁的父母，因此留在了家鄉工作。小瑾經常在朋友圈看到以前的朋友到處旅遊的照片，看到節假日她們的丈夫給她們買的各種禮物，小瑾心裡一陣發酸。雖然從她嫁過來，家裡的一切家務都不用小瑾做，只需安心地做著全職太太。儘管小瑾也知道自己應該體諒丈夫，丈夫雖然不能滿足她過多的物質需求，但至少很寵愛她，把他的一切都給她了。只是，當不滿漸漸淤積在心，小瑾便控制不住對丈夫發脾氣。她會數落丈夫沒出息沒能力，又後悔當初自己怎麼就不聽父母的話，如果可以重來，她一定不會選擇嫁到農村。丈夫只是靜靜聽著小瑾的抱怨，不反駁也不生氣，只一味哄著小瑾。

逐漸，吵架成了日常生活的一部分，儘管大部分是小瑾一個人獨罵。面對丈夫的隱忍，小瑾更為惱火，她認為丈夫之所以不還口是因為心虛，於是小瑾更加無理取鬧。小瑾覺得生孩子太痛苦，因此只肯生一個，無論男女都行。婆婆公公卻不同意，在他們看來，如果只有孫女沒有孫子，那便是絕了家族的種，無論如何兒媳也要給他們生一個孫子。其他任何事兩人都能妥協，唯獨這件事他們不會退步。小瑾早就跟婆婆公公表明了自己的生育觀，絕對不會再生孩子。

眼看兒子結婚已兩年，兒媳是真的不打算再要孩子了，婆婆公公急得不行，卻絲毫沒有辦法。兩人不好直接跟兒媳說，便只能找兒子訴苦。丈夫跟小瑾商討過，面對小瑾的強硬態度，丈夫也不能強求她。婆婆公公對兒媳越發不滿，卻不敢當著小瑾的面抱怨。小瑾無意間聽到婆婆公公對自己的嘮叨，感到很生氣，便當著婆婆公公的面大吵大鬧了一場。小瑾把長期所受的委屈都說了出來，並認為丈夫家虧待了她。大哭一場後，小瑾收拾好行李，回到了娘家。小瑾不理會丈夫的苦苦哀求，堅決要離婚，不要孩子。曾經認為愛情高於一切的兩人最終勞燕分飛。

有什麼想法，對事情有所不滿，那就設法改變它。如若不能改變，那就換種態度去對待，千萬不能抱怨嘮叨。與其把時間浪費在抱怨上，還不如趁此去改變自己的現狀，尋找更好的解決方法。抱怨是快樂的剋星，是人生的毒藥，趕走抱怨是收穫幸福人生的前提。不過，人都是有情緒的，做到不抱怨並非易事，因此需要做出努力。

首先，做不抱怨運動。沒有誰會喜歡滿腹怨言的你，你自己也不會喜歡。分散自己的注意力，通過養成另一個習慣來改變抱怨的毛病。當你意識到自己在抱怨時，立刻閉嘴，把特意戴在手上的手環或手鏈移到另一隻手上，或者把隨身的小物品移到另一個口袋中。多次實踐，你會發現愛抱怨的惡習已改變。

其次，學會動手解決問題。很多時候，你之所以會抱怨，不過是沒有信心去改變現狀。只要你踏出第一步，敢於去做，你會發現，原來讓你思慮重重的困難，不過是小事一樁，事情便自然而然變得順暢。

抱怨是最消耗能量的無益舉動，不抱怨才有尊嚴。摒棄抱怨，讓你的心靈重歸和諧與平靜，讓你的生活多一些幸福與快樂。

行動起來，用能力改變滿嘴的抱怨

那些愛抱怨的人認為，一切皆是命中註定沒法改變的，他們因此才悲觀絕望，怨天尤人，不停地抱怨，試圖用那些客觀理由來為自己的無能解釋。這些人走到哪裡都會把抱怨的氣球越吹越大，而且一路背負，一路播撒消極的種子。只知道消極懈怠，不懂得積極改變。

這種人很多都意志薄弱、消極，害怕吃苦和困難。他們任憑命運宰割，而不與命運抗爭。他們希望享受別人的成果，總是寄希望於上司能夠變得開明一些，希望從同事那裡獲得更多的東西，希望他人能夠幫助自己改變目前的處境，而不知道靠自己創造條件。

愛抱怨的人很難成功，意志消沉的開始就是抱怨，這也是不負責任的表現，是逃避的體現。抱怨是行動的侏儒。一千句看似很有理由的抱怨，抵不上一個小小的行動。當一個人過多地被語言困擾的時候，他會失去行動力。這樣只能為自己的成功設置一道道路障。

這些抱怨者最需要的是用努力代替抱怨，用改變代替抱怨，行動起來，用能力去改變現狀。

在《雙手插在口袋裡的人》這本書中，傑佛瑞向牧師抱怨說：「上帝真的是太不公平了，有能力的人得不到機會，沒能力的人卻能成功！」

「約翰，你知道吧，他曾經是我的同學，那時，他的成績糟糕透了，還經常抄我的作業，現在他居然當上了作家，不但出了很多書，還上了電視。我簡直無法想像，這麼一個沒能力的人，是怎樣成功的？」

面對傑佛瑞的抱怨，牧師打斷他的話說：「可是，我聽說約翰很能吃苦，常常寫作到深夜……」

還沒等牧師說完，傑佛瑞又抱怨道：「還有個叫凱文的人，我和他也是同學，就他那個身體，連多走幾步路都會喘不過氣來，現在你猜怎麼樣？他居然成了體育明星！你能想像到嗎？」

牧師回答他說：「我聽人說，凱文除了吃飯睡覺，所有的時間都花在了訓練上……」

沒等牧師將話說完，傑佛瑞又抱怨道：「特別讓我生氣的是邁克，在學校裡的時候，他天天吃麵包夾青菜葉，誰都知道他的家庭條件最差，現在居然開了酒樓！」

這次，牧師沒有急著說話。傑佛瑞卻急了：「你怎麼不說話了？你說上帝是不是不公平？命運真會捉弄人！」

牧師這才開口：「上帝是公平的。他讓饑餓的人有肉吃，讓身體瘦弱的人懂得鍛煉的重要，給了每一個小鴨做白天鵝的夢想。難道這還不算公平嗎？」接著，牧師又說，「對於人生來說，成功就是一架梯子，不管你攀登的技術是好還是壞，但有一點值得記住，**雙手插在口袋裡的人是永遠爬不上去的。**」

確實，世界本不公平，可是，這些曾經享受著不公平命運的人居然改變了自己的命運，靠的是什麼？無疑是能力！

與其抱怨，不如改變。俞敏洪曾經說過：這個社會不存在絕對的公平，我在北大讀書的時候，只是一個農民家庭的孩子，而我們的同學，有的是教授的孩子、高官的孩子，有的同學上下學車接車送，而我們連汽車輪子都買不起。那個時候，便會發現世界其實有很多不公平。所以永遠不要去追求公平，獲取社會資源的能力和獲取未來的能力完全在自己。人生而不平等，而我們需要的就是打破我們生命的枷鎖。俞敏洪就是憑藉自己的能力打破了自己貧窮命運的枷鎖。

這是一位成功人士的真實故事：

二十世紀九十年代，當一批畢業生走出某師範院校的大門時，一位令人羨慕的優秀畢業生，卻把市區重點高中的聘書折起，決定獨自去南方闖蕩。只因為那裡掀起的改革浪潮震動著她，南方報刊那些優美、深刻而犀利的文筆曾經撥動過她的心弦，她要憑自己的能力在那片神奇而浪漫的土地上，圓自己兒時的作家夢。

一天，她向某報社自薦。總編有點意外，看著這個長相一般卻充滿自信的女孩禮貌地問道：「我們報社沒登招聘啟事啊！為什麼你偏要來報社呢？」

她思索了一下，認真地說：「主編先生，我很喜歡貴報的風格。而我覺得還可以讓它更加完善。我很喜歡文學與寫作，也想通過貴報把自己的能力證明給你們看。」

聽完她這番誠懇的話語，總編眼前一亮，開始考慮她的去留。不用懷疑，她能獨自來到這座陌生的城市闖蕩，本身就是一種頑強生存能力的證明。於是，他考慮了一下說：「我們研究一下。」

一周後，她接到了試用通知。

雖然剛開始安排她做校對工作，但她要求自己竭盡所能去做好工作，同時，利用業餘時間把自己的思想變成文字。不久，她的能力得到了每個編輯的肯定，她也開始向各大報社發稿。兩年後，她已成為深圳蛇口有名的優秀作家，積蓄達十五萬元（約七十五萬元台幣）。後來，她又根據自己的生活體驗和對生活的思考，寫了一部反映時代變遷中人們的心態變化的長篇小說。書很快銷完，她最後贏利十八萬元（約九十萬元台幣），從一個清貧的學生變成知識新貴。

她並不只滿足實現作家的夢想，又開始向著陌生領域挑戰自己的能力。後來，在她得知一家造船廠正缺資金時，經過調查後，她決定放棄優越的工作，辭職創業。從文人到企業家，需要真打實幹。從多方籌措資金到引進技術、拉客戶、做廣告等，一切她都親力親為。最終，她獲得了豐厚的收益，也提升了自己的綜合能力。

美國總統甘迺迪曾經說過：不要問你的國家給了你什麼，而要問你為你的國家做了什麼。如果你對自己的人生不滿意，想一下，你為改變這一處境做了些什麼？如果你沒有行動起來表現自己的能力，那麼，**從現在起，拿出你的能力去改變命運吧！用能力代替抱怨，你會發現，自己曾經渴望過的都能在行動中實現。**

認真地微笑，生活就沒有煩惱

快樂與幸福可以說是世人所追求的最理想的生活狀態，無論途中遭遇多少坎坷，人生最終的目的都是獲得快樂和幸福。長期抱怨的人，會很容易犯一個錯誤，那就是助長自己腦海裡的消極想法，他們不會快樂，也不會幸福。曾經有人這樣說過：「我知道我不該抱怨、不該生氣，但我不知道該怎樣讓自己不去抱怨、不去生氣。這該如何是好呢？」

其實，有一個方法可以幫你解決這個問題，那就是微笑。人生，每天不一定能得到快樂，但如果碰到了煩惱的事情，記得給自己一個微笑；碰到了令自己生氣的事情，給自己一個微笑，起碼能使自己有一個好心情。

因為每個人的經歷和對快樂的定義不同，所以快樂因人而異，誰也無法替代誰。樂觀主義者說：「人活著，就有希望，有了希望就能獲得幸福。」他們能在平淡無奇的生活中品嘗到甘甜，因而快樂如清泉，時刻滋潤著他們的心田。微笑，本身就是一種感情交流的美好神態，對別人真誠地微笑，體現了一個人熱情、樂觀的心態；對自己微笑，則是一份樂觀的自信，讓我們的心靈一直生活在愉悅之中。

那些不善於微笑的人，總是悲觀地看待周圍的一切，結果就被悲觀淹沒了。

我看到過這麼一篇文章：

樂觀開朗的小趙大學畢業後，應聘去了北京的一家大型外貿公司。上班的第一天，小趙非常謹慎，雖然公司離住的地方不遠，但他為了給公司的人留下一個好印象，還是早早起床洗漱，之後又穿上一套上班套裝，把自己打扮得非常精神。

他本以為，這樣做可以引起公司的主管和同事們的注意。可是事與願違，到了公司之後，人力資源部經理把他帶到他所工作的後勤部之後，就再也沒有人理他，同一部門的同事們也沒有人主動跟他交流。

小趙在座位上等待部門經理安排任務，可是等了半天，經理也沒有來，他只好去找。部門經理對他說：「小趙啊，你去把飲水機的水換一換，再去幫大家買些儲值卡，順便把大家的午飯買回來……」

從此，小趙就開始做這些瑣碎的事情。過了一陣子，小趙感到非常鬱悶和無奈，他也不知道該如何是好，拒絕的話，又擔心部門經理會生氣。本來對於他來說，幫助同事是非常樂意的一件事情，可是沒有一個人說聲謝謝，沒有人對他的行為表示肯定。更讓他生氣的是，彷彿這些瑣碎的事情在同事眼中都成了他的「本職工作」。對此，小趙連續失落了好幾天，臉上根本沒有一絲笑容，心裡也一直抱怨部門經理不「體察民情」。就這樣，小趙在壓抑和抱怨中工作了幾個月的時間，最後辭職走人。

此後，小趙的情緒一直很壞，在求職中也屢屢碰壁，完全沒有當初的衝勁與信心，原本一個樂觀開朗的小夥子，變成了一個滿腹牢騷的人。

小趙是職場新人，由於沒有經驗，所以沒有處理好與上司、同事的關係，因而心生抱怨。但抱怨根本解決不了問題，相反，還會讓自己的心情一直低落，根本感覺不到快樂。我們周圍還有很多像小趙一樣的人，抱怨生活不公平、不如意，總是跨不過那扇快樂之門，一直生活在抑鬱、憂傷之中。

人活一世，肯定會遇到各種各樣的情況，這其中肯定也會有讓我們感到心煩、抱怨的事情。但這就是生活。很多人在面臨這種情況的時候，常常會顯得非常低落，甚至是手足無措，愛抱怨、發牢騷。如果你整天沉溺在自己悲傷的情緒中，或者沉浸在無邊的惱怒之中，你就永遠也發現不了快樂。

所以說，愛抱怨其實是很愚蠢的。要解決這個問題，非常簡單，不管什麼時候，不管面臨怎樣的情況，只要我們能夠始終保持微笑就好了。微笑具有不可估量的力量，當你對一個人微笑時，他也會還你一個微笑，你們彼此都會獲得一個好心情。

世界因你的微笑而改變，生活因你的「毫無怨言」而變得更加美好。

我朋友劉松是一家金融投資公司的部門經理，在同事們看來，他總是深沉而嚴肅，一天到晚臉上難以出現一絲笑容。正是這個原因，他沒有親密的朋友，沒有談得來的同事。

他的個人生活也非常糟糕，與太太結婚十多年，日子非常枯燥無味。太太這麼多年來，也難得看到他微笑一次。為此，太太不止一次抱怨過他。

一天早晨，劉松照例洗漱完準備上班。突然，他從鏡子裡看到自己繃得緊緊的臉孔，感覺非常僵硬。他吃了一驚，心中開始不安。他打電話給我，向我說出了他的不安。我想想也不知道如何安慰他，就說帶他去看心理醫生吧。後來，我們去看了心理醫生，他將自己的苦水傾倒了出來。醫生建議他多微笑，逢人就微笑。

看過醫生後，劉松就儘量做到醫生的要求。早餐時間，太太叫他吃早餐，他立刻高興地回答：「我馬上來。謝謝你天天為我做早餐，你辛苦了。」說著便滿臉笑容地走了過去。誰知他的太太愣了一下，沒有想到他今天會跟往常不一樣。不過，她還是高興地說：「你今天是不是遇到好事情了？」他愉快地回答說：「從今天開始，我們都要生活在喜氣洋洋的氛圍中。」

來到公司後，劉松微笑著向同事們打招呼。大家在詫異和好奇中慢慢接受了他的轉變，並對他報以微笑。慢慢地，他跟同事們打成了一片，無形之中關係拉近了不少。如今的劉松跟之前完全是兩個人，之前他陰沉、嚴肅，而現在他快樂、充實，感覺自己充滿了能量。

如果你能意識到自己不該抱怨的話，那就應該時刻保持微笑，積極調控情緒，多跟積極陽光的朋友往來，每一天都在愉快的氣氛中度過。

無論生活給了你多少失落和波折，人生給了你多少辛酸，只要你回報一個微笑，讓微笑的花朵永不凋謝，那麼你就能擁有一份內心的寧靜與淡然。給生命一個微笑，你的生命將因微笑而精彩，你的微笑同時也因生命而美麗。

優秀人的共通之處是不抱怨，並且解決問題

生活中總是有很多喜歡抱怨的人，他們每天喋喋不休，不是抱怨工作累，就是抱怨待遇低；不是抱怨升職太慢，就是抱怨辦事太難……可是，當我們喋喋不休地抱怨時，是否發現有些人總是一聲不吭，只顧埋頭工作？難道他們沒有不滿意的事情嗎？還是他們為了討好上司而陽奉陰違？難道他們的心理承受能力就那麼強嗎？

過不了多久，你會發現，那些不抱怨的人是事業和生活的寵兒。老闆喜歡，同事愛戴，甚至連鄰居家的孩子都喜歡他們。這是為什麼呢？

只是因為大多數人只想著抱怨，從沒想過如何去解決問題。在他們看來，抱怨無濟於事，任何時候，辦法都比問題多。即便自己的條件不如他人，即便那些不公平的待遇他們也能暫且忍受。這正是他們的優秀之處。

善於解決問題的人就是優秀的。不論在任何情況下，他們都會把他人的抱怨看成是解決問題的機會。

某市物價局的一名職員，從來都是任勞任怨，從不抱怨。

他是因軍職轉業到這裡工作的，沒有什麼特殊技能，參加工作的頭三年，全區的辦公室都是由他掃地。

每天，他都是第一個到辦公室。後來辦公室又來了一個年輕人，他的地位上升了，但仍然堅持掃地，總是比別人「多做」一些分外之事。別人不理解，他卻沒有一點怨言。

有一次，主管對他寫的工作內容不滿意，要求他重寫。他盡最大努力寫好交上。主管很高興，卻得罪了辦公室的人。這之後，辦公室的人幾乎都與他為敵。但是，他沒有辯解，照樣熱情工作。而且辦公室有需要幫忙的，他也當仁不讓。

他所在的科室主任於五年後被調走，大家都認為主任之職非他莫屬。沒想到，主管卻從別的科室提拔了一個副主任來當主任，卻把他「下放」到偏遠的山區物價所。機關裡很多人議論紛紛，說他主要是「缺少交際」。但他沒有向主管訴苦，也沒有表示出不滿。

誰都沒想到這個有點窩囊的人在十年後竟然當上了物價局的局長。人們問退休的老局長為什麼看好他？老局長回答：每次晉級評比，不論評上還是評不上的都是滿腹牢騷。什麼去基層太苦、薪水太低、環境太差、無法照顧家庭等。我的腦袋都要爆炸了。可是，我從來沒有聽到他抱怨過什麼，他總是在想辦法解決問題。他在基層能做八年，解決了那麼多遺留問題，你們能做到嗎？

人們這才終於明白，原來這個「不善交際」的長處就是不抱怨。

政府機關和大公司本來就是個最容易產生牢騷和抱怨的地方，唯有勤勤懇懇才有進步的機會。道理很簡單，僧多粥少，位居「金字塔」中上層的寥寥可數。每個金字塔底部的人，都渴望自己早一點快一點上去。但是，社會從來都是不公平的，各種原因之下，不可能保證每一次的人事變動都能夠公平。因此，那些自我感覺非常良好，以為某個位置天經地義非我莫屬的人，一旦發現願望落空，就會採取各種各樣的方式發洩心中的不滿。甚至會一怒之下丟下工作，給主管臉色看。主管對他們怎能有好印象？

那些不抱怨默默工作的人，反而會給主管留下深刻的印象，覺得他們可以委以重任；因為他們在別人抱怨的時間裡默默無聞地用工作的成績來為主管減輕壓力；因為他們自覺地做著分外的許多事情。如此，領導能不青睞他們嗎？正是因為不抱怨使他們能集中心力並將其放在工作上，於是他們的工作不僅主動，而且謙遜，職位得到提升也是很自然的事情。由此可見，**不抱怨，是一種態度，也是一種智慧，不僅可以建立和諧廣博的人際關係，而且能夠幫助自己開闢一片新天地**。

不管在什麼組織，任勞任怨，做出優秀的業績，為組織創造價值，才是被提升的基本原則。因此，如果你一直對自己的職位不滿，認為是委屈了自己的才能，總是抱怨主管沒有給你機會，不妨仔細問問自己，是否在主管交給你任務後，能夠圓滿完成？

抱怨有時候就是推卸責任。不論在生活還是工作中，每個人都會面臨種種困難或問題，擔任職務越高的人，其面對的困難或問題越多。優秀的人接到困難的工作任務，不會給自己找可以不完成的理由，也不在面對問題時摻雜任何消極態度，試圖推給別人。他們總是以陽光視角積極面對困難或問題，積極嘗試。如此，即便沒有發生他們預料的好結果，上司也會改變對他們的看法。因此，如果你有時間進行抱怨，還不如把時間用在尋找克服困難、改變環境的方法上。只有你能對問題提出兩個以上的解決方案，人們才能對你刮目相看。

優秀者，他們成功的共通之處是不抱怨，是想盡辦法去解決。遇到困難去挑戰它，遇到委屈去化解它。只有不抱怨才能獲得成功，也只有不抱怨，才能取得進步。如果你是個總愛抱怨的人，請向那些優秀的人學習，把困難或問題當成提高自己工作能力的一個個機遇。減一分怨氣，多一分責任、多一分主動，用實做代替抱怨，那麼機會早晚會來到你面前。

只有抱怨不會成長

春風過後，大地將披上新裝、萬紫千紅；雨露降臨、滿池荷花將碧海連天；大雪紛飛，香梅總會在熬盡苦寒後傲立群芳。你看，是否所有的事物都會經歷過各自的一段人生後才會茁壯成長、屹立於天地之間。所以，對於我們人類來說，當遇到挫折或一些苦時，也不能輕易放棄，相信風雨後的彩虹。

在職場上打拼，沒有不吃苦的。在吃苦的過程中很多人卻有以下抱怨：起床太匆忙，沒時間吃早餐；想坐計程車，被別人捷足先登；坐上了計程車，道路卻擁堵；策劃做得不好，被上司當著所有同事的面批評；同事升了職，自己還在原地踏步……你似乎很有底氣地說：整天被這些煩心的事情糾纏，人生根本不快樂，我無法改變這些，抱怨抱怨也不行嗎？

如果你的眼光只關注這樣的事情，自然會滋生抱怨的心理，很難得到快樂。你之所以抱怨不快樂，那是因為你沒有在工作中挖掘到那些快樂的事情，只是關注了痛苦。

快樂不是憑空等來的，而是需要你去尋找與發現。只有積極地發現快樂，你才能領略到快樂的美好。

派克市場是美國西雅圖市一個非常特殊的地方，之所以這樣說，是因為這裡跟一般的市場有所不同，在市場盡頭的一個魚攤前充滿了快樂。來到這裡的眾多顧客和遊客一致認為，到此處買魚是一種快樂的享受。

原因就在於，這裡的魚販雖然整日被魚腥包圍，每天都做著繁重的工作，但他們總是將笑容掛在臉上，而且他們個個身手不凡，工作起來就像是馬戲團的演員在表演一樣。儘管海風讓這裡很冷，可是這個魚攤讓這裡變得溫暖起來。

有一位來自威斯康辛的遊客選了一條三文魚，只見魚販淡定地站在原地，抓起魚向後面的櫃檯扔去，並且喊道：「這條魚要飛到威斯康辛去了。」櫃檯後的魚販也露出笑臉，順勢將空中的魚接住，還不忘來一句：「這條魚飛到威斯康辛了。」話音剛落，這個魚販就將這條魚打包完畢了。圍觀的人見他們整個動作一氣呵成，不禁齊聲歡呼，大家在笑聲中買了魚滿意地離去。

這個特殊的魚攤就是著名的派克魚攤。跟市場上其他的魚攤相比，它並不出眾，可是為什麼它具有這麼大的魅力呢？

有一次，一位記者專程來採訪這裡的魚販，問道：「你們在這種充滿魚腥味的地方做苦工，為什麼還能保持這麼愉快的心情呢？」

其中一個魚販回答說：「幾年前，這個魚攤處於破產的邊緣，於是大家整天抱怨。後來有人建議說，與其每天抱怨地工作，還不如改善工作的品質。在接下來的工作中，我們發現快樂對於自己和顧客來說都非常重要，於是我們不再抱怨生活的艱難，而是把賣魚當成一種藝術，創造了『飛魚表演』。不管哪一天，只要來了客人，我們都要親切地問候他們，進行表演。就這樣，我們在工作中找到了快樂。」

這種工作氣氛還影響了附近的居民，他們經常到這兒來和魚販聊天，感受他們的好心情。後來，甚至有不少企業主管專程跑到這裡來學習既愉快又有活力的工作方式。

所以說，一個人能否快樂完全在於個人的選擇，無論你身處何種環境，無論你的心情糟糕到何種地步，**只要在工作中尋找並發現樂趣，就能享受到快樂。**

美國石油大王洛克菲勒曾說過：「如果你將工作看成是一種樂趣，那麼你的人生就是天堂；如果你將工作當作一種義務，那麼你的人生就是地獄。」

很多時候，我們總在抱怨工作的繁忙和單調，心中充滿了煩惱和無奈。其實你不知道，工作總是快樂的，而這種快樂的秘訣，不是做自己喜歡的事，而是「喜歡自己做的事」。工作的快樂其實就在每一個細節之中，需要你用樂觀的心態去體味與領會。

我有一個妹妹叫曉可。她大學畢業後，開始四處找工作，嘗試過多種工作之後，她被一家寶寶網路公司錄用了，成了一名網路編輯。曉可愛好文學，加上又非常喜歡小孩子，所以對這份工作很滿意。在工作中，曉可經常跟準媽媽們交流，並在公司的現場活動中看到一群可愛的寶寶。雖然有時候由於工作需要加班，可是她沒有半句怨言。她還經常對同學提起自己的工作：「我在工作中不僅學到了很多育兒知識，而且還結識了不少朋友。」

相比之下，在曉可的單位裡，還有幾個「懷揣夢想」的大學生。他們從事網路編輯工作之後，覺得工作十分枯燥，每天都在重複同樣的事情，毫無新意可言。因為理想與現實的巨大差距，他們在心理上無法找到平衡，因此滿肚子牢騷，最後，離開了公司。

微軟公司創始人比爾．蓋茨說過：「如果只把工作當作一件差事，或者只將目光停留在工作本身，那麼即使是從事你最喜歡的工作，你依然無法持久地擁有對工作的熱情。」一個人對工作沒有熱情，自然不會得到其中的樂趣，只能抱怨這個，抱怨那個。

對待工作，抱怨的心態是不該有的。有一句話說得好：「沒有抱怨，你不一定會成功，但是有抱怨，你一定不會成功。」抱怨是妨礙我們工作順利和事業成功的大毒瘤，必須剷除。

美國著名的成人教育家卡內基曾說過這樣的話：「如果我們有著快樂的思想，我們就會快樂。如果我們有著淒慘的思想，我們就會淒慘。如果我們有害怕的思想，我們就會害怕。如果我們有不健康的思想，我們就會生病。」

在這個世界上，命運往往是公平的。很多時候，上帝在關閉一扇大門之時，必定會留一扇希望之窗。與其死守著那扇緊閉的大門怨天尤人，不如轉身儘快找到屬於自己的那扇窗。打開窗戶，外面就是一片藍天，遭遇困難和挫折時，沒必要怨天尤人，因為等待你的，可能是一片更寬廣的天地。

用樂觀的心態去勇敢地面對苦難，儘快排除抱怨的情緒，並且積極努力地應對生活，那麼，這樣的人一定能遠離抱怨與牢騷，一定能從灰暗走向光明。

所以，時時提醒自己，對工作充滿興趣，發掘工作中的快樂，而不是關注其中的痛苦，那麼你就能成為一個快樂而不是整天抱怨的人。

好好生活，其他事交給上天

對於二十四節氣，我並沒有多少瞭解，但唯一不會忘記的，就是立秋。並非我對秋天有多迷戀，而只是一種習慣，習慣聞它的味道，喜歡感受它帶給我的氣息，一種優美的涼，一種落寞的美。歲月流逝，人生萬千，我早已對四季更替有了冷漠的漠然。我懂得欣賞每個季節帶給我的美，如春風的清涼、夏雨的暢快、冬雪的淒美。只是唯獨到了秋季，內心會產生一種莫名的傷感，秋葉的凋零，與夕陽的落寞共為一色，也與我的傷感融為一體。此時，內心總是寂寞。

每當此時，總感覺自己是寂寞的，孤苦伶仃一人在外漂泊；總感覺自己是孤單的，身在茫茫人海中，卻難尋一知己；總感覺自己是不幸的，到了而立之年，卻未成家也未立業。但靜靜細想，世界上比我不幸的人還有很多，所以我不是最不幸的。沒有任何理由讓我天天背負著自己的不幸生活，要知道：丟棄沉重的包袱，用更好的心態去迎接每一天才是最重要的。

我爸的一個朋友，前幾年因為炒房地產成了擁有百萬資產的富翁，現在他卻破產了。心灰意懶的他漫無目的地遊蕩在街頭，想著昨天自己還是這座城市數一數二的富翁，擁有著敞亮的辦公室、眾多員工和漂亮的別墅，而現在自己和一個乞丐沒有兩樣。這座城市也變得如此陌生。

有一天，他抬頭看到了一家高檔的酒店，那裡是他經常去的地方，而現在他心裡難過異常。「天哪！為什麼要這麼對待我？」他聲嘶力竭地抱怨道，「我的生活從此變成了地獄，我變成了乞丐，沒有人再理會我了！」

這個時候，他看到了一個人，那是一個沒有雙腿的人，但是他用兩條手臂支撐著在「走路」。他走得很緩慢，也很吃力，但是他還是一步一步地從我爸這個朋友身邊「走過」。那一刻，他感到一種震撼。

「他失去了雙腳，但是還在用雙手支撐著身體，面對著他的人生。而我，不過是失去了一些金錢而已……」他喃喃地說。

他忽然發現，自己遠遠不是最不幸的人。和某些人相比，自己竟然是非常幸運的，非常值得羨慕的！有什麼理由不珍惜自己所擁有的呢？於是，他重新振作起來……

這是他有一天去我爸那裡，我們看到他和頹廢時判若兩人的樣子後感到好奇，講給我們的故事。

許多人遭遇不幸時，就以為自己是最不幸的。在你喋喋不休地抱怨自己命運不佳，沒有出生在一個好的家庭的時候；在你感歎自己命不如人，沒有升官發財的時候；在你看到別人的好車好房而豔羨不已的時候；在你感歎時運不濟，自己失去了很多東西的時候，請仔細看吧，在你的身邊還有很多不如你的人，他們的境況比你還要糟糕，雖然你不是最好的，但肯定也不是最差的。

請看這樣一篇文章：

朋友，當你睜開眼睛去迎接新的一天時，你應該感到慶幸，因為你還能夠自由呼吸，要知道，每星期離開人世的人不下百萬，你是多麼有福。

全世界大約有五億人經歷過戰爭的痛苦、被囚禁的孤獨、飽受著饑餓的折磨和忍受著被虐待的痛苦，若這些你都沒有經歷過，那麼你比這五億人都有福了。

若你今天走進教堂或者寺廟，或者參與了任何一個宗教活動，你許下了自己的心願而收穫了快樂，你沒有被拘捕、受刑罰，甚至死亡，那麼你比三十億人都幸運了。

全世界大約有百分之七十的人，沒有食物吃，沒有足夠的衣服穿，沒有棲身之所，倘若這些你都擁有，那麼你已經比全世界百分之七十的人幸福了。

據聯合國的「世界糧食日」的有效資料統計，地球上三十六個國家目前深陷糧食危機，其中八億人在餓肚子。尤其是發展中國家，大約兩成以上的人沒辦法獲得足夠的糧食，而生長在非洲大陸的孩子，由於糧食短缺，三分之一處於長期營養不足的狀態。最心痛的數字是，全球每年會有六百多萬的學前兒童因食物短缺而夭折！

看到這裡，你是否感到心痛，同時也明白了自己是多麼幸運！

是的，若是你的銀行還有存款，錢包裡面還有金錢的話，那麼恭喜，你是世界上富有的百分之八的幸運兒裡的一員。

倘若你的父母親都在世，且沒有離婚或者分居，那麼你屬於異常幸運的稀少一族。

若是你還能夠每天充滿感恩，時時把微笑掛在臉上，那麼你真是有福了。因為人人都可以這樣做，但是絕大多數沒有。

若你在某個人受傷或者失意時輕握他的手或者微笑地擁抱他，哪怕只是簡單地拍拍他的肩膀，祝賀你，你所做的，已經等同於上帝才能夠做的治療了。

若你讀到這段文字，那麼沒有人比你更有福了，因為全世界二十億的人是不能夠閱讀的，你的福氣是雙倍的。

看到這裡，是否你已經發現，你就是幸運一族中的一員。

古人筆記小說中有一首《行路歌》：「別人騎馬我騎驢，仔細思量總不如，回頭再一看，還有挑腳夫。」語言雖理淺，卻足以醒世。

人生有許多東西是無法選擇的，比如出身，比如與生俱來的疾病等等，但我們可以選擇以怎樣的方式和心態生活。要時刻告訴自己：我們是幸運的，還有更多不幸的人或事。就像一位哲人所說：「年輕人，記住我一句話吧：這個世界上，除了死亡，沒有什麼是大事。只要你活著，就是幸運的。好好地過好每一天吧。只有你自己才是自己最好的醫生，別人都對你無能為力。」

假如想不開，就好好想想吧。人生在世平均七十年，你還有多少年呢？自己背著書包上學，好像是昨天的事情，眼看兒子就要上初中了。幾十年以後，便會塵歸塵土歸土，還有多少年可以讓我們體會這人生的精彩呢？

因此，**我們活著，就要盡好責任，享受好生活**。至於以後有沒有厄運，那是上天的安排。只要我們盡力去生活了，無論結果如何，都不要抱怨，而是要努力保持心態的平和，保持一種達觀的生活態度。

PART 8

沒有比較就沒有煩惱：別生活在別人的世界中

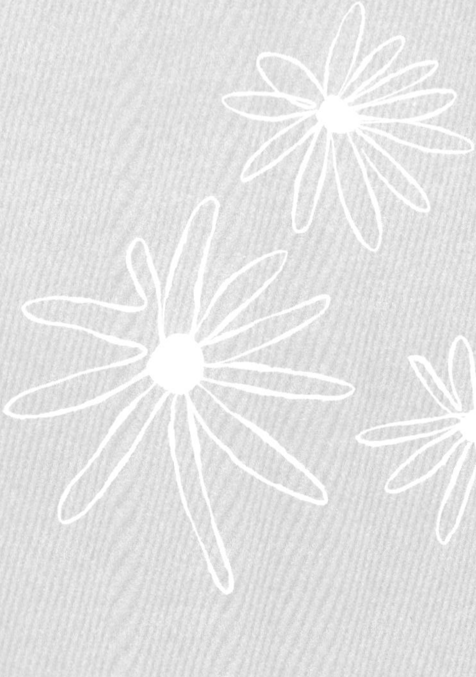

- 比較是煩惱的源泉，不要奢望別人的美好
- 人活著，難道只為了和別人「比」
- 用別人的標準衡量自己，那是一種悲哀
- 比較源自於面子，一張「臉皮」真那麼值錢嗎？
- 丟掉比較的虛榮心，活著要有平常心態
- 他人的批評和嘲笑，何嘗不是前進的動力
- 生活沒必要比較，小草也能為大地帶來生機
- 做人就要「挺」自己，沒有人能否定你的價值

比較是煩惱的源泉，不要奢望別人的美好

我想起《阿甘正傳》裡的一句臺詞：「一個人真正需要的財富就那麼一點點，其餘的都是用來炫耀的。」繁華奢靡的世界，總有著填不滿的欲望、無止盡的比較，每當我走在街道上，總會聽到兩個婦女在為自己的孩子吹捧他們的成績，每當我坐在一座辦公樓時，總會聽到兩個男人對自己的事業驕傲的話語。生活中，這樣的事情時刻發生在我們身邊。

很多人的煩惱往往是因為比較產生的，而比較又往往是覺得別人比自己有面子。如果一個人總是拿自己的缺點和別人的長處比，就會覺得自己什麼都不如別人，使自己陷入自卑和煩惱中。

健康的人很少關心自己的身體，即使有一個良好的體魄他也並不會因此而感到幸福，疾病患者卻深深體會到健康的重要性；窮人也常常覺得有錢了才叫幸福，有錢人卻認為輕鬆自在、無憂無慮的生活才是幸福；愛比較的人總是遙望著別人那虛不可及的美好，卻看不到自己已經把握在手中的幸福。

英國偉大的哲學家、文學家培根曾經說過：「一切惡行都圍繞著虛榮心而行，都不過是滿足虛榮心的手段。」比較很大程度上是由虛榮引起的。俗話說「人活一張臉，樹活一層皮」。很多人為了「面子」不切實際地盲目比較，不惜打腫自己的臉充當胖子，迷失在無謂的比較中。

有這樣一則寓言：

一隻牛在草地上吃草，沒留神踩死了幾隻小青蛙。一隻僥倖從牛蹄下逃生的小青蛙找到了青蛙媽媽，告訴它，那些小青蛙被一個龐然大物踩死了。

「很大？」青蛙媽媽開始把身體鼓起來，不服氣地說：「有這麼大？」

小青蛙回答說：「噢！親愛的媽媽，那只大野獸要比這個大得多。」

「那麼有這麼大？」青蛙媽媽深呼吸，肚子更加鼓了。

小青蛙說：「就算脹破了你自己，還沒有那傢伙一半大。」

不服氣的青蛙媽媽把自己脹得像圓球似的：「這次該和它一樣大了吧？」沒等說完，青蛙媽媽已經脹破了身體。

青蛙和牛本身就有很大的差別，牛即便再小也要大過拼命將自己吹脹的青蛙。認不清自己的位置，胡亂比較，只是自取滅亡。

一個人不能認清自己，就很容易陷入徹底盲目。牛頓曾經說過一句謙虛自知而又充滿智慧的話：「我看得遠，是因為我站在巨人的肩膀上。」

每個人都有自己的優點和缺點，正所謂「梅須遜雪三分白，雪卻輸梅一段香」。頑強的常青樹往往無花，嬌豔欲滴的花朵卻往往無果。沒有永遠的失敗者，亦沒有永遠的贏家，切莫盲目地比較失去了內心的平衡。眼光的注視，少在他人身上投放一些，多多關注一下自己，人生便會更加快樂。有句話說得好：「與他人比是懦夫的行為，與自己比才是真正的英雄。」自己的心智也能獲得更加健康而快速地成長。

在競選一個重要職位中，一個各方面都很優秀的女孩輸給了一個名不見經傳的應屆畢業生。這位畢業生各方面平庸無奇，並不出眾，可以贏得這個職位的原因很簡單：她是副縣長的女兒。

這女孩相當不服氣。回到家裡，女孩氣呼呼地把事情說給做了一輩子農民的老父親聽。父親默不作聲，聽完女兒的抱怨與訴說後，起身拿了鋤頭吩咐女兒和他一起去地裡鋤豆子。

老父親在村西的土坡地裡種上了豆子，土坡下是同村王叔家的花生田。由於土坡下的土地本身就比較肥沃，所以花生鬱鬱蔥蔥地生長在下面。

父親向土坡下面指了指問女兒：「那裡是什麼？」

「花生地啊。」女兒不解。

「那這裡呢？」父親指著土坡上自己家的地。

「豆子地啊。」女兒更加迷惑。

「這兩片地哪片長得好啊？」

「自然是土坡下的花生地長得好！」女兒比較了一下說。

父親緩緩地說道：「豆子不是花生，花生不是豆子，兩樣東西不同怎麼能比出好壞來呢？」

看著女兒還是不理解，父親又說道：「你說，咱們家的豆子能長出花生來嗎？」

「自然不能。」

「那土坡下的花生地能結出豆子來嗎？」

「這個，也不能。」

「是啊！就像種瓜得瓜種豆得豆的道理一樣，不能胡亂與人比較。做好自己的分內事就行！」

這位老父親是睿智的，他用生動樸實的例子告訴女兒：**每個人都在生活中扮演著屬於自己的角色，盲目比較的結果只會迷失自我，最終給自己帶來不必要的煩惱。**

每個人因背景不同，所以人與人之間的差距還是很明顯的。有比較心理很正常，如果通過比較能讓自己進步或是努力，也算是一件好事。但是因一味比較看不到自己的長處，只看到自己的短處，繼而抱怨、憤怒、心生憂愁和怨恨，甚至萎靡不振，那樣便得不償失了。

「人貴有自知之明」。也就是說，對待自我要有一個正確全面的認識，知道自己的優點和缺點，在待人處世時揚長避短，使自我的優勢得到最大的發揮。這樣就會慢慢形成一種良好的心態，凡事量力而行，不強迫自己。

我們每個人心中都應該放一把客觀公正的尺，既不夜郎自大，也不妄自菲薄，瞭解自己的角色，才能做回自己。

人活著，難道只為了和別人「比」

總有些人在生活中喜歡和別人一較高下，如果工作職位比別人低，收入比別人少，就會自怨自艾，抱怨上天不公。他們常常拿別人的標準來衡量自己，自己給自己造成混亂和迷茫，甚至使自己不得安寧。

老夏和老張是老同學。大學畢業的時候，他們被分配到同一個縣的機關單位上班。他們都是從機關的基層做起，可是沒過幾年，老夏就被調到市里去了，後來又順利地被調到了省裡，官越做越大，人也越來越意氣風發。

可是老張的運氣就不那麼好了，他在那個縣機關單位裡默默無聞地一待就是二十年，從年紀輕輕眼看熬到了斑斑白髮，卻還只是個小公務員。

有一次同學會，老夏滿面紅光、意氣風發的樣子，讓老張心裡嫉妒得發狂：自己哪方面比他差？想當初在學校的時候，自己門門功課都比他好。之後，老張總是想起自己與老夏天壤之別的生活，他心裡憋著一股氣。

這天下班後，心情不好的老張去了一家餐館，一個人在那裡喝悶酒。因為人多，有人就坐在了他的對面，看他悶悶不樂，就問他：「看您心情不好，為了什麼事發愁呢？」

老張一仰頭就乾了一杯，然後歎了一口氣說：「你不知道，我這輩子真夠倒楣的，我在機關裡熬了二十年，如今還在原地踏步。」老張邊說邊又給自己倒滿酒，「可是和我一起畢業的同學早就爬到省機關了，你說我怎麼這麼命苦呢？他有什麼能耐？他憑什麼就受重用？不就是嘴巴甜一點嗎？」

老張心裡始終放不下，開始日日酗酒。在一年後的一次體檢中，老張被查出患了肝硬化，醫生說是喝酒太多導致的。

其實，每個人都是不盡相同的，這註定每個人的人生都將是千差萬別的。可是有些人總習慣拿別人的標準來衡量自己，他們看見別人某方面比自己強就心理不平衡、嫉妒，進而對自己提出各種苛刻的要求，或者抱怨不公平的待遇。

我表妹楊小文在一所名牌大學讀完研究生後，進了一家著名的外企公司工作，同事要麼沒有她的學歷高，要麼專業沒她好。為此，她很有優越感，覺得自己肯定會比這些人更容易得到重用。

兩個月後，當她仍然在做最基礎的工作時，上司居然提拔了只有本科學歷的於曉月做辦公室副主任，負責對結算工作的審核，這讓表妹感到失落和憤憤不平。

她想不通為什麼是這樣，她覺得上司對人不公。她整天想著這件事，甚至無心工作，只想趕快跳槽。這天，在結算時，她因為分心而把一筆投資存款的利息重複計算了兩次，雖然沒有給公司造成實際損失，整個公司的財務計畫卻被打亂了。

事後，我表妹並沒有覺得自己犯了多大的錯誤，她覺得這不過像是做錯了一道數學題一樣，只要改正過來，下次注意就是了。她的這種滿不在乎的態度讓上司很不放心，以後再有什麼重要的工作就總是找藉口把她「晾」在一邊，不再讓她參與了。

我表妹楊小文更覺得不公平了，當她的抱怨傳到上司耳朵裡的時候，上司找她談話說：「其實，我們最開始的計畫是讓你在基層鍛鍊一段時間，然後讓你擔當更重要的職務。不過，讓我們很失望的是，你一直在抱怨我們對你不公平，卻沒能做好最基礎的工作。所以，並不是我們沒有給你機會，而是你自己不懂得把握機會。」

沒過多久，楊小文就不得不辭職了，而她也終於知道，她不是敗給了別人，而是敗給了自己。

盲目比較只能讓自己徒增煩惱，哀歎命運的不公，實際上就是在搖首歎息之際將自己的命運交給了別人，這只是在自毀前途。

人的一生，誰都會遇到許多困難和挫折，都有自己必須面對的尷尬境地。有些人無論自己碰到的困苦是多麼微小，總以為自己已經到了萬劫不復的境地，似乎自己是世界上最不幸、最痛苦的人。只有當更大的災難降臨時，才會幡然醒悟，原來那些折騰得死去活來的痛苦根本不算什麼。

人要學會知足，我們的眼光總傾向於看向比自己優越的生活，卻忽視了還有許多人正過著比自己更加艱苦的日子。人之所以能夠快樂，不是因為他的物質生活有多麼豐厚，而是因為他們懂得知足。整天抱怨的人也並不一定生活在最底層，而是因為他們的目光只盯在那些比自己富有、成功的人身上，對比之下總認為自己的境遇糟透了，殊不知還有很多人命運比他們更加曲折，過著比他們更加悲慘的生活。

看看下面這些資料，你是否覺得自己是幸福的？

．根據聯合國「世界糧食日」資料顯示，全球有三十六個國家目前正陷於糧食危機中；
．全球仍有八億人處於饑餓狀態，第三世界的糧食短缺問題尤為嚴重；
．發展中國家的人民有兩成無法獲得足夠的糧食；
．非洲大陸上有三分之一的兒童長期營養不良；
．全球每年有六百萬學齡前兒童因饑餓而夭折！

即使你並不富足，但你家裡有充足的食物，有足夠的衣服，有住所，那麼你就已經比世界上那些食不果腹、衣不蔽體、居無定所的人富足多了。如果你沒有經歷過殘酷的戰爭，沒有受到過囚禁，不必過忍饑挨餓的生活，上天對你已經很優待，你已經比世界上八億人幸運了。

看過上述這些事情，你會不會有種幸福的感覺？你之所以抱怨，不過是因為不知道還有更壞、更痛苦的狀況。所以，有時不是老天對我們不公，而是我們不懂得珍惜上天賜予我們的寶貴財富。

學會感恩，感謝父母給予我們生命，不要總想滿足自己的欲望。即使你身臨險境，如果還沒到最壞的境遇，你至少還比正經歷那樣生活的人幸福。如果已經經歷了最壞的，已經不可能再壞了。那麼，你還有什麼想不開的呢？

柏拉圖曾經說過：「人類沒有一件事是值得煩惱的。當克服一次挫折之後，你便提升了一次自我。」如果人在逆境之中仍然能夠堅定自己的信念，有著絕不放棄追求成功的勇氣，那麼逆境和挫折將會是你人生中一筆寶貴的財富，否則，逆境只會讓人一蹶不振，帶來真正意義上的失敗。

英國知名作家約翰・克理西年輕時非常勤奮地寫作，寄出了七百四十三封稿件，但相繼被退了回來。在打擊面前，他沒有退縮也沒有灰心。他知道，最壞的結果也無非被再退稿而已。既然已經經歷過最壞的結果，那我還怕什麼呢？已經承受一次次失敗的痛苦，如果他就此甘休，那之前所有的努力和折磨都變得毫無意義。一旦他堅持下去，獲得了成功，每一封退稿信的價值全部將被重新計算。正是憑藉這樣的想法，他堅持了下來，並最終取得了成功。

內心強大的人，他是不會在逆境中低頭止步的。美好的命運也不會眷顧那些對逆境心存憤懣、抱怨命運不公平的人。

在艱難困苦中樂觀的人，善於磨礪意志，他們知道抱怨毫無價值，唯有自己不斷努力，才能在最險峭的山崖上紮根，成長為最偉岸挺拔的大樹。一味地抱怨，不知前進，只會使你的生命之樹弱不禁風。

因此，當你取得一點點成功的時候，你應該往前看看那些最優秀的人，和他們比較差距。同樣，當我們身處逆境時，應該學會多向後看，事情還沒有那麼糟，想想那些最糟糕的結果，那些比我們更悲慘的人，才不會抱怨自己的情況太糟。

用別人的標準衡量自己，那是一種悲哀

人們生活在物質豐富的今天，卻感到越來越不快樂。一項研究成果顯示，現在的人們感到壓抑的概率是二十世紀五十年代的十倍，不管生活多麼富裕，貧富差距卻總是存在的，你有錢總還會有許多比你更有錢的人，而人們也比以往任何時候都會拿自己跟周圍的人進行比較。那些處於下風的人，心裡就會酸溜溜的，而那些占了上風的人，心裡也覺得比別人沒強多少，還要努力。商品時代培育出來的商品意識、商品情結，只會使人變得比以往更貪婪、更好高騖遠。越是看重金錢和物質，人就越不容易滿足，心理也變得越脆弱。

很多時候，不要面子，其實會活得更好，盲目比較會迷失自我。面子只是一種表面的尊嚴，過分維護這種尊嚴，往往是內心脆弱的表現，反而會喪失自己。要面子是許多人獲得簡單和快樂的最大障礙。面子其實是一種虛榮，它和道德相比，只不過是一抹浮雲和一陣輕煙罷了。

自信心不足的表現就是愛面子，愛面子的人將一直在別人的眼光中生活，幸福是別人眼裡的幸福，痛苦也是別人認為的痛苦，他們全部的生活目標就是簡單的一句話：「過得比別人好。」而真正自信的人，是不會去負擔虛榮的十字架的。他們正是在堅韌地、踏實地相信著自己，承認著自身的價值。

虛榮人的眼裡，要一切比別人高一級：孩子在學校裡成績要比別人好，得到的表揚要比別人多，學校的名氣要比別人大，學的專業要比別人熱門，找到的工作要比別人強；愛人在單位裡的地位要比別人高，工資要比別人多，人緣要比別人好，提升要比別人快，部門要比別人顯要，成績要比別人突出；房子面積要比別人大，裝修要比別人豪華，地理位置要比別人理想……而要實現這些目標，就必須比別人更努力地去奮鬥，去苦幹，但比較是永無止境的，這件事剛比完，那件事又來了。在沒完沒了的比較和較量中，我們漸漸失去了本來可以擁有的閒暇和輕鬆，心情越來越緊張和焦躁，感覺越來越累，快樂越來越少，無休無止的追逐和競爭，讓我們身心疲憊。

莫泊桑的《項鍊》就寫了這樣一個悲劇故事。

瑪蒂爾德太太天生麗質卻出身貧寒。她心比天高，卻命比紙薄，每天夢想能與王子聯姻，卻嫁給了一個小職員；她渴望出入王宮大殿，卻住在一個普通公寓裡。她沒有香水，沒有珠寶，而這些正是她夢寐以求的東西。她有一個非常富有的同學，但她從來都不敢去看望這位同學。因為當她看到同學身上那些她想擁有卻又無法擁有的珠寶時，會更加痛苦。有一天晚上，她丈夫興高采烈地回到家中對妻子說：「我們收到了一份請柬，可以去參加公共教育部長和其夫人的晚會。」瑪蒂爾德太太起初表現得很高興，可是一會兒她又變得很沮喪，「可是我沒有像樣的衣服。」她說。於是丈夫給她買了一件衣服，還從朋友的家裡借來一串美麗的鑽石項鍊。

瑪蒂爾德太太穿著華貴，項鍊璀璨奪目，在晚會上，她成了所有女賓中最美麗動人的一個，這極大滿足了她的虛榮心。晚會結束了，她發現她把從朋友家借來的項鍊弄丟了。沒辦法，他們四處奔走，找遍了親戚朋友、銀行家、高利貸者、放債人，最後才湊足了三萬六千法郎。

瑪蒂爾德太太把項鍊還給了她的朋友，從此開始為償還債務而不停勞作。她含辛茹苦，終日洗刷忙碌，變得兩手粗糙，容顏憔悴。丈夫也跟她一起辛苦勞作，替商人們結算帳目，為了五分錢一頁的報酬抄寫文件，常常通宵達旦。他們這樣過了十年，才還清全部債務。結果最後才發現那串項鍊是假鑽石，頂多只值五百法郎。

正是因為虛榮才造成了瑪蒂爾德太太的悲劇。為了一時的虛榮，而賠上一生的幸福。正是她的愛慕虛榮，才付出了如此慘重的代價。

用別人的標準來衡量自己是一種痛苦，更是一種悲哀。人生本來就很短暫，不能總為了讓別人看得起而生活，人生真正屬於自己的快樂更是不多，為什麼不能為了自己而完完全全、真真實實地活一次？人的價值是由實力決定的，不是靠作秀取得的。法國前總理朱佩一次視察某地，拎著個超級市場的塑膠袋，接受採訪時，這個袋子一直拎在手上，很自然的樣子，沒有誰覺得他寒酸，沒有誰覺得他不夠紳士，相反人們投給他的都是欽佩的目光。所以身份不是由派頭決定的。

總有一些人急於求成，希望一夜暴富，也希望在成功後能夠在人們面前炫耀他的財富。但其實，那些真正成功的人士，生活反而非常低調，時常保持著一顆平常淡定的心。

有次，亨利．福特到英格蘭去，在機場諮詢處要找當地最便宜的旅館。接待員看了看他，一眼就認出了這個超級富豪，全世界都知道的亨利．福特。就在前一天，報紙上還登出了他的大幅照片，報紙上說他要來了。現在他在這兒，穿著一件像他一樣老的外套，要住最便宜的旅館。

接待員說：「要是我沒認錯的話，您就是亨利．福特先生。我記得很清楚，我看到過您的照片。」那人說：「是的。」接待員疑惑不解地對他說：「您穿著一件看起來像您一樣老的外套，要住最便宜的旅館。我也曾見過您的兒子上這兒來，他總是詢問最好的旅館，他穿的是最好的衣服。」

亨利．福特說：「是啊，我兒子的舉止是好出風頭的，他還沒適應生活。對我而言沒必要住在昂貴的旅館裡，我在哪兒都是亨利．福特。即便是在最便宜的旅館裡我也是亨利．福特，這沒什麼兩樣。這件外套是我父親的，但這沒有關係，我不需要新衣服。我是亨利．福特，即使我赤裸裸地站著，我也是亨利．福特，這根本沒關係。」

一個人外表的光鮮亮麗並不能夠代表他的財富。也許你住過更昂貴的酒店，可是這能表示你比他更有身份嗎？

日常生活中，我們總是會遇到一些好出風頭，怕別人不知道自己是誰的人。一有機會就大聲炫耀自己，四處發送名片。這些都是虛榮心在作怪。但也有一些人不羨慕外表華麗，而是時時以堅持自我秉性為本，這種人是最謙虛的。

有了好的心態，就會遇事多往好處想，幸福是一種絕對自我的感覺，只要你覺得自己是幸福的，你就是幸福的。反之，如果自己感覺不到幸福，無論在別人眼裡如何風光，你心裡仍然會是一片冰涼。

不同的人有不同的活法，不同的人也有不同的幸福。關鍵就在於我們是否真的明白，自己這一輩子到底要什麼。如果一個人總是得隴望蜀或盲目比較，欲望沒有止境，那他永遠不會幸福、快樂。

比較源自於面子，一張「臉皮」真那麼值錢嗎？

多數人非常愛面子，這已經到了讓別人受不了的程度。俗話說：人有臉，樹有皮。人活著就是為了一張臉面，「面子」是一些人一種重要、典型的社會心理現象。林語堂曾認為，統治中國的三個女神是面子、命運、恩惠，在這三個女神中，面子比命運和恩惠還有力量。

的確，中國人最講究「臉皮」，做什麼事都特別在意面子。比如，許多含辛茹苦將兒子培育成人的父母，看到兒子能夠光宗耀祖，即使自己吃糠咽菜，心裡也是美得不得了，因為兒子給他們在鄉親面前掙足了面子。

其實，適度地愛面子是一種正常而健康的心理狀態，意味著自我意識和自尊心，它使人能夠自尊自愛，因此自強自立。相反，如果什麼都不在意，有些人就會產生破罐破摔、自暴自棄的心理。因此，適當地愛面子無可厚非。

愛面子要有個限度，有人就過了限度，他們往往因為要面子而使自己受盡委屈，這就是給自己戴上了假面具，套上了枷鎖，就真是死要面子活受罪了。這種對臉皮的愛護觀念，說穿了，不是為自己活著，而是在為他人活著。**這種愛面子就是一種高成本低回報的投資，往往會讓人得不償失。**

如今已經是二十一世紀了，「死要面子」這個人性的弱點還在不同程度地上演。

生活中，有些人為了一己私利和滿足虛榮心，不惜任何代價去爭面子。比如，某某名譽顧問、某某委員等。結果，投入了大量的精力和時間精心維護，可是面子的曇花一現竟然是這麼短暫。更有甚者，對於那些違法亂紀的行為，因為拉不下臉面，給了人家面子，結果讓自己吃不了兜著走。這樣的面子不但很累，還把自己也毀了。對面子如此高投資，結果連低成本的收益都沒有得到。這樣的面子還有必要嗎？

由此可見，面子既能成全人，也能毀人。

不管是在生活中還是工作中，死要面子的大有人在，而且不在少數。如正在戀愛的小夥子，往往愛在女友面前擺闊，借錢欠帳也要裝成有錢人，結果，為了面子會有些超出自己經濟能力的消費；有的人在學習上顧及面子，不懂的地方也不好意思向人請教，不懂裝懂，結果耽誤的是自己的前途。這種因為「死要面子活受罪」的行為，而導致家庭破碎的也比比皆是。

有位女人曾經向好友說丈夫是位工薪族，可是因為生性豪爽要面子，有人缺錢或急用錢總是第一個想到他。因此，他們家的錢總是奉獻為先，丈夫就是借也要滿足別人的要求。剛結婚時，妻子也能賺錢，並沒有過度限制丈夫。

可婚後不久，隨著孩子的出生，這對「月光族」才開始想到存錢。此時，本來護理小孩就花費大，再加上妻子因為孩子又辭去了工作，僅靠丈夫的工資未免捉襟見肘。

一次月底，家裡就剩二百元了，妻子偷偷地把錢藏了起來。沒想到丈夫的同學來借錢，死要面子的丈夫又不肯說「不」，結果把妻子藏起來的錢硬是要走了。最後，妻子忍痛典當了陪嫁的金項鍊才買上煤炭，使孩子免於受凍。

不止這些，後來，稍有積蓄後，丈夫好面子的稟性仍是不改。七大姑八大姨，誰家有事，只要開口，來者不拒。最生氣的是小姑買房說還差點錢，沒想到丈夫一下子從家中拿走了十萬元（約五十萬元台幣），還說這錢不用還了。

丈夫也知道存錢不容易，怎麼為了面子就能打掉牙往肚裡吞呢？妻子對他真是又恨又氣！

面子像誘餌一樣會把你引入深淵，它會破壞家庭的幸福，面子只會讓你活得更累。由此可見，投資面子可謂得不償失。

面子其實就是虛榮心的表現。為人處世，雖然沒面子會低人一等、受人歧視。可是，太愛面子，自己容易吃很多虧，會活得很累。因此，人應該客觀地看待面子，在要面子的同時，也要擁有正常、健康的人生。很多時候，不必太在乎面子。

很多人覺得愛面子就等於自尊，這會給自己造成不小的麻煩。俗話說：面子無常價，是寶也是草。面子固然重要，但不必為了沒意義的面子讓自己受苦遭罪，戴著面具折騰自己的人生。如此注重對面子的投資並不是明智的選擇，順其自然最可貴。

丟掉比較的虛榮心，活著要有平常心態

扭曲的自尊心就是虛榮心，這也是過分自尊的表現。有些人無論何時何地，總要表現出自己高人一等，其實，這就是太愛面子的虛榮表現。凡是虛榮心強的人總是活在自欺欺人的幻境中，結果往往欺騙不了人，只能自己欺騙自己，給自己帶來許多痛苦。

在國外某機場，一位貴婦人在乘坐飛機時，看到身邊居然是位黑人，馬上把空服員找來，大聲地抱怨：「我花錢是為了享受，你們卻把我安排在這裡！我受不了坐在這種地方，馬上給我換個位子！」周圍的人對她這種做為很反感，但是也沒人說什麼。

「很抱歉，女士。」服務員回答，「今天的班機已客滿，但是為了滿足您的需求，我可以去為您查查看還有沒有空位。」

貴婦人聽後感到很有面子。

幾分鐘後，服務員帶著好消息回來。

「這位女士，很抱歉，經濟艙已經客滿了，我也向機長報告了您這個特殊的情況，目前只剩頭等艙還有一個空位……」

貴婦人得意地看著四周的乘客，起身準備移往頭等艙。

可是此時，服務員微笑地對著那名黑人乘客說：「雖然這種情況是我們從未遇見的，但機長認為要一名乘客和一個厭惡他的人同坐，真是太不合情理了。先生，如果您不介意的話，我們已經為您準備好了頭等艙的位置，請您移駕過去。」

此時，周圍的乘客起立熱烈地鼓掌，貴婦人羞愧地低下了頭。

低調做人，斂起鋒芒。人生不能總是風光，如果在風光時，故意炫耀招人厭，死要面子的人，常常會丟了面子。因此，拋棄愛面子的沉重壓力，保持一顆平常心，與虛榮心相對照的就是一顆平常心。順其自然，淡泊生活。

生命的真諦在於和平、自由，擁有一顆輕鬆自在的心，認真地做自己，這也不失為一種美好的生活。那樣，即使你的人生沒有榮耀和光環，你也可以發現平常日子中那些令人感動和欣喜的東西。你會讀懂一枝一葉、一花一草所散發出的清香和溫馨，你會品味出瑣碎日子中的一種甜蜜，一種幸福。做一回真實的自我，那樣，你會感到無比輕鬆。

山區裡，一匹馬戰勝了一隻偷雞的豺狼，因此，主人在它脖子上掛了一朵大紅花，在馬場上繞行一圈，讓所有的馬都向它行禮致敬。

這時，一匹小馬對它說：「你真了不起，你獲得了如此大的榮譽，這在我們馬族的家族史上是絕無僅有的，真令人羡慕啊。」

誰知這匹戰馬淡淡地說：「這有什麼好羨慕的，我不過是盡了我的本分而已。」

這匹戰馬於三個月後在戰場上受了重傷，因為無法醫治，獸醫決定把它送進屠宰場。在進屠宰場時，它又與以前的那匹小馬不期而遇。「老兄，想想三個月前，你是何等威風，現在的處境居然這樣悲慘，連我們都不如。一個英雄落到這種地步，你的面子都丟盡了。」

誰知，受傷的馬平靜地說：「這沒有什麼好悲傷的，我只不過是比你們早走一步這條大家都要走的路而已。」

人的一生如簇簇繁花，不能事事如意，既有盛開耀眼之時，也有暗淡蕭條之日。不管是榮還是辱，我們都應該以平常心待之。不能因為曾經的榮耀就趾高氣揚，也不能因為失意就感覺無臉見人。如果過分地在乎榮辱，煩惱就會滋生。因此，人們只有把面子拋在腦後，才不會被榮或辱左右情緒，才會為自己贏得一個廣闊的心靈空間。

凡是取得偉大成就的人，他們都懂得低調行事，不會因為滿足自己的虛榮心、為了自己的面子而投資太大。相反，他們非常注意克制自己，時時保持一顆平常心。

趙匡胤當皇帝後，他最寵愛的昭慶公主認為，這下要好好地「秀」一把了。

有一次，昭慶公主在宮中觀看行宮表演時，發現用翠鳥羽毛做裝飾的旗子非常好看，回宮後就別出心裁地命人用翠羽裝飾做了件外衣，穿上後對著鏡子左照右照，心中尤為得意，在宮內走來走去。當然，人們免不了恭維一番，公主的虛榮心得到了極大滿足。

就在她感到十分快活時，不料被趙匡胤和一群大臣撞上了。公主想躲開，卻被趙匡胤喝住說：「你把這件衣服脫下來，以後不准再穿。」

公主不以為然地說：「這件外衣只是用翠羽稍微裝飾了一下，沒什麼大不了的啊。」

面對公主的狡辯，趙匡胤感到十分生氣，厲聲斥責道：「你怎麼能這樣說，翠羽價格高，要浪費多少錢財呀？你的生活已經非常優越了。」然後還撩起龍袍說，「你看看，這袍子我都已經穿了三年了，到現在不還是穿得好好的嗎？」說得公主無言以對，只得勉強將翠羽外衣脫掉。

有一天，趙匡胤與昭慶公主在一起聊天。公主乘機對趙匡胤說：「父皇，你身為大宋聖明，可惜坐的轎子太沒面子了，應該好好裝飾一下，以顯示我大宋國富民強啊。」趙匡胤深有感觸地說：「但我身為天子，理當為天下管理好財富，豈可濫用？如果我只想一人榮華富貴，百姓還對我抱什麼希望呢？再說，我和歷代聖明的君主相比，還差得遠啊。他們都能安於平淡樸素的生活，我有必要用金銀裝飾自己的門面嗎？國富民強才是最大的面子啊！」

趙匡胤說得昭慶公主啞口無言，自覺慚愧。從此之後，昭慶公主也都帶頭收斂起來，和其他宮女一樣，平淡做人，素面朝天。而且，在趙匡胤的影響之下，宮裡宮外，朝廷上下，都以穿戴質樸為榮。

在物質生活優越的今天，人們可以適當享受，但不能為了滿足一己虛榮而鋪張浪費。**如果你有著強烈的虛榮心，正確的辦法是把虛榮心轉為上進心。**特別是那些華而不實、盲目比較、趕時髦、講排場、只求面子上好看、虛榮心太重的上司，不妨在這方面學習一下趙匡胤，改變自己好大喜功的毛病。

人生短暫，萬事應想得開，隨時隨地保持心理平衡，不論何時何地，都能以平常心處世，處變不驚，笑口常開，做到：「得而不喜，失而不悲。」才能把握自我、超越自我。

他人的批評和嘲笑，何嘗不是前進的動力

愛比較的人總是很在乎他人的看法，因此什麼事都想做到比別人高一等，讓別人高看自己。他們還有一個毛病，疑心重，總覺得其他人是在談論自己，總是疑神疑鬼。其實，你想開一些，即便他人談論的是自己，那又如何，即便有人批評與嘲笑你，那又如何？你若能把他人的嘲笑和批評當作給自己敲響的警鐘，讓自己避免走彎路，少犯錯誤或不犯錯誤，那這就是件好事。俗話說得好，當局者迷，旁觀者清。下棋時，觀棋人在旁邊指點一下，下棋人可能就會恍然大悟，不能接受別人意見和批評與嘲笑的人，必然不能夠更快進步。因此，面對批評與嘲笑時，我們應該虛心接受。

抗戰時，清華、北大、南開南遷昆明，建立了西南聯合大學，很多當時的文化名流都齊聚昆明，可謂是昆明有史以來的一場文化盛宴。在眾名流中，有一個不受雲南歡迎的人，他就是被作家施蟄存稱之為「被雲南人驅逐出境」的李長之。是什麼原因讓李長之被驅逐出境呢？就是因為他提出了一些可貴但逆耳的意見。

畢業於清華大學的李長之，一九三六年留在清華大學任教，次年秋天赴滇任教。李長之才華卓越，其專業著作有榮獲學術界高度評價的《中國文學史略稿》、《批判精神》等。來昆明不到半年時間的李長之

寫了一篇短文《昆明雜記》，隨即引起了軒然大波，以至於被雲南人驅逐出境。為什麼才華出眾的李長之會招此惡果？原來，在這篇雜文中，昆明人根本找不到誇讚雲南人的詞語，也找不到讚美雲南美景的語句，看到的只是批評與嘲笑和指責，惹得雲南人大為惱火，當時昆明大大小小的報社都發表文章對李長之群起而攻之，李長之自知待不下去，只好捲鋪蓋走人了。

《西南聯大在蒙自》是余斌先生所作，他在文中這樣評價李長之事件：「李長之儘管恃才傲物，話說得偏激一些，雖有以偏概全之嫌，倒也非憑空捏造，昆明人那時不知為什麼竟有點兒反應過度。」

針對「李長之事件」，楚圖南先生後來說道：「來到雲南的學者名流，對於雲南的印象總是冠冕堂皇的一套恭維，如雲南天時氣候如何、人民性質如何、社會秩序如何之類，照他們說來雲南真好得像天堂一樣，但情況並非完全如此。雲南固有得天獨厚之處，但也有許多不足。真有自尊與自信者，就不應諱疾忌醫，害怕批評與嘲笑，哪怕批評與嘲笑很嚴厲，有些過火。」

針對當時的狀況，楚圖南先生還寫道：「那只是反映了雲南社會落後、幼稚、無知，才有著這種需要，需要表面的恭維，無論真心也好，假意也好，至少反映了雲南還不能容納真實的批評與嘲笑，哪怕是在極細微的地方。也就是雲南還沒有對人尊重和對學術寬容的雅量。」

余斌先生針對當時的狀況很有感觸地說：「你愛誇耀雲南是什麼什麼王國，人家就送你一頂又一頂『王國』的金冠，你說雲南民族文化豐富多彩，人家就說確實豐富多彩。但你能聽懂此話背後的意思嗎？這王國那王國，不就是些資源嗎？所謂豐富多彩，不就是色彩斑斕下面的落後嗎？」通過表面看本質，許多學者已經看到了侮辱和欺騙就藏在恭維背後，但深感遺憾的是，李長之事件已經成為既定的事實，再也沒有回頭可言。

這件事雖時隔多年，但也為我們後人提醒：一定要正確對待批評與嘲笑，如果提出批評與嘲笑的人的出發點是好的，即便他們的批評與嘲笑有些過頭，也不要對其懷恨在心。要學會寬容大度地去包容，然後去反思自己不對的地方。要容得下「李長之」式的人在自己身邊。

想要進步，就要敢於虛心接受批評與嘲笑。能夠接受建設性的批評與嘲笑意見，並且依言而行，這種表現就很成熟。

你的朋友、同事或者家人，就像是一面明鏡，他們能隨時指出你的缺點，給予你必要的批評與嘲笑和指正，從而給你前進的動力，因此不要太過於相信自己的眼睛，畢竟「不識廬山真面目，只緣身在此山中」。有時候，身邊一些人的批評與嘲笑和意見，雖然聽起來有些尖酸刻薄，但你冷靜下來仔細想想，認真地分析分析，就會發現他們所言不虛。

所以，在面對批評與嘲笑時，請用寬心去對待，批評與嘲笑能幫助自己改進工作、克制情緒、完善自我個性，讓心態走向積極的方向，如此一來，就可以將批評與嘲笑轉化為動力，讓自己的速度加倍，我們就可以快速前行了。

請衝破固有的思維禁錮吧，用一顆寬容之心去對待批評與嘲笑，對批評與嘲笑的人所提出的意見充滿謝意，虛心承認自己不足的地方，那麼你就會像一列疾馳在鐵軌上的火車一樣，在今後的人生道路中必然會有所作為。

生活沒必要比較，小草也能為大地帶來生機

每個人在社會中都有自己的角色，都有自己適合做的工作和任務，如果從事不適合的工作只能讓你得不償失，毫無建樹。

很久以前，有一隻烏鴉非常羡慕在高空中翱翔的老鷹，很想像老鷹一樣來一個漂亮的俯衝，抓住草地上的小羊。於是，烏鴉天天模仿老鷹的動作拼命練習。過了很多天，烏鴉覺得自己已經練得很棒了，就從樹上猛地沖下來，撲到一隻山羊的背上，想完成老鷹那樣完美的動作。但是，由於烏鴉的身子太輕，就落到了山羊的背上，瓜子也不小心被山羊身上的毛纏住了，它拼命地拍打翅膀，想要從山羊的背上逃脫，卻都失敗了。前來趕羊的牧羊人看見了，把烏鴉抓了起來。烏鴉不但沒能像老鷹那樣抓住小羊，反而把自己的性命交到了牧羊人的手裡，烏鴉的盲目模仿，上演了一場悲劇。

只要有常識的人都知道，俯衝抓羊的動作適合老鷹，卻不適合烏鴉。但是，這只可憐的烏鴉以為自己能成為一隻「老鷹」般的烏鴉，簡直荒唐可笑。可是在一笑而過後，你是否有那麼幾秒鐘的頓悟，是不是也在這只烏鴉身上看到了某個時候自己的影子？曾幾何時，你是不是也像這只烏鴉一樣，因為看到別人的

光鮮，就盲目地跟從，而做了一些不適合自己的事呢？

就像人在買鞋買衣服時一樣，三十六號的腳就只能穿三十六號的鞋，高大的身材不能穿小號的衣服。一定要最適合自己的尺碼才最舒適。即使是再昂貴、再精緻的東西，如果不合適你，也只能當成擺設，它本身的價值也就得不到表現。

如果一個人總是在將就與勉強中度日，那將是一件多麼痛苦的事。如果你選擇了不適合自己的路，就像穿上了不合腳的鞋走路一般，將會異常艱辛，甚至會讓自己陷入無法自拔的沼澤。

適合，對我們來說太重要了。在感情中，我們要找到適合的伴侶，這樣才有一起營造幸福的激情；事業中，要找到適合的工作，這樣才有奮發向上的動力；生活中，要找到適合的人生方向，這樣短暫的一生才不會遺憾重重。

很多時候，也許你的適合得不到身邊人的理解，甚至會遭到強烈反對。可是，如果你覺得那是最適合你的，就一定要堅持，因為只有堅持，才能讓時間證明你的正確。如果你因為得不到認可就委屈放棄，最後一定不會只是遺憾那麼簡單。能對自己的人生負責的，只有自己，除了自己，沒有人會為你的錯誤買單，連最親近的人也不能，所以我們在聽取別人意見的同時更應該問問自己，這適合我嗎？當然，你堅持自己的選擇的前提是，這必須是你經過深思熟慮後確定適合自己的。

我有一個堂哥，在政府部門工作好幾年，最後卻辭職了，自己開起了小吃店。他放棄令所有人羡慕的公務員工作，不僅讓周圍的人吃驚不已，更是遭到了我們家裡人的強烈反對，他父親甚至以斷絕父子關係相要脅。

這個哥哥很苦惱，他和他父親談道：「我在機關裡每天重複同樣的工作，拿著固定的工資，生活沒了一點激情。我覺得年輕人應該多闖多拼，希望我能通過創業更快地成長，就算失敗也無所謂，畢竟我還很年輕。」就這樣他父親才勉強同意。經過幾年的磨煉，酸甜苦辣都嘗盡的他變得比以前更成熟穩重了。看著頗有成就的兒子，他父親笑了。

很多人都已經認識到，適合自己的才是最好的。不要一味地邯鄲學步，因為適合他人的不一定適合自己，也不要勉強自己去做自己根本無法做到的事情，那樣有可能適得其反。**只有找適合自己的位置，你才能更加得心應手，取得更好的成績。**

如果不是耀眼的太陽，那麼就做一顆閃爍的星星，照樣能在夜裡發光發亮；如果不是參天大樹，那麼就做一棵青青小草，照樣給大地一抹生機；如果不是海洋，那麼就做甘甜的水滴，照樣能滋潤萬物。要相信，每一粒種子終歸有適合它的土地。

做人就要「挺」自己，沒有人能否定你的價值

現實中，我們習慣了在別人注視的目光下生活，也慢慢喜歡用一些華麗的包裝去粉飾自己，以迎合別人的看法。當能力、成績得到周遭的鮮花、掌聲和無數讚美聲時，才有種被肯定的感覺。然而一旦自身價值受到眾人的質疑和鄙視，在「噓」聲漫天飛的口水中，我們便對自己徹底失去信心。

「我覺得你完不成這樣的任務。」

「你沒經驗，堅持下去也是徒勞。」

「你的性格不適合從事這個行業。」

「原諒我不能嫁給你，跟了你我看不到未來的希望。」

……

太多的否定從四面八方湧來，猶如電閃雷鳴般，七嘴八舌的議論，讓我們開始手足無措。就像參加《非誠勿擾》的男嘉賓受到二十四位女嘉賓「刻薄」的指責一樣，自我肯定的防線一降再降，甚至也開始懷疑自己的能力和魅力。當接受了別人否定的「批判」，你會變得異常怯懦、自卑，看到朋友們的風光無限，自歎技不如人，認為自己什麼都做不成。

浮華背後的都市生活，讓我們不堪重負的心靈已經焦慮不安，所以時常希望從別人贊許和支持的目光

中，得到一絲絲勇氣，但是你會發現自己的想法「很傻、很天真」。旁觀者大多戴著「有色眼鏡」在審視你，所謂「伯樂」更是可遇不可求的，所以真正瞭解和肯定你的人只有自己，一定要適當地讓自己擁有一種「不服輸」的倔強。

許多人總覺得別人擁有的種種幸福是不屬於自己的，不能與那些命運好的人相提並論。然而他們不明白，這樣的自卑自抑、自我抹殺，將會大大減弱自己的自信心，也同樣會大大減少成功的機會。試想，一個連自己都不「挺」自己的人，還奢望別人能給你怎樣的肯定和鼓勵呢？哈佛大學心理學教授泰勒說：「當我們不接納與生俱來的價值時，我們其實是在漸漸地破壞自己的能力、潛力、喜悅和成就。」

所以，大家應該記住：**在這個世界上，除了你自己，沒有人可以否定你的價值**。

她出生在一個貧窮的山區，生下來時就只有一隻手。她還患有小兒麻痺症，右腿萎縮。在她五歲時父親病故，母親是一個傻子。

十九歲那年，傻子母親走失後再無音信。她是靠著村民的捐助才念完高中。但是，當收到大學的錄取通知書後，她選擇了放棄。因為高昂的學費，已經不是村委會能負擔的。當時很多人都認為，這樣的女孩就算大學畢業也找不到合適的工作。

她從小酷愛唱歌，天然沒有雜質的聲音像銅鈴一般悅耳，放羊的時候總會高歌一曲。但是全村的人都在背後議論，她身體上有殘缺，又沒有經過專業的聲樂訓練，想在音樂上有所發展真是有點「天方夜譚」。然而她並沒有因為聽到閒言碎語就放棄唱歌，也沒有因此而感到自卑。

當全村人都為她發愁時，她鎖了家門，拄著拐杖，走出了山區，整整用了三天。沒有一個人相信她能出去工作賺錢，但她毅然決然地走了出去。她在心裡告訴自己：我一定能找到工作養活自己。一路上還不停地叨念著：「老天爺把一條命交給我了，我一不能死，二不能伸手要飯！」

在省城，工作並不好找，幾天後，她選擇了擦皮鞋。在社區門口擦皮鞋，邊擦邊給光顧的客人們唱歌，每次擦完皮鞋後大家都誇小女孩的聲音好，帶著愉悅的心情離開。她相信雖然自己這輩子不能做歌星，但是能用甜美的聲音給別人帶來好心情，也實現了自己的價值。

久而久之，她的故事被有心人拍了下來，並在報紙上做了相關報導。不久後，慕名而來擦皮鞋的人越來越多。直到有一天，一家專業製作手機鈴聲下載的網站，主動找到她並願意跟她簽署長期的合作合約，讓她用自己的好嗓子錄製手機鈴聲的音樂和網站的原創廣播劇。

從此，女孩憑藉自己的好聲音找到了一份不錯的工作，而且她的廣播劇也成為網站點擊率最高的作品之一。

女孩沒有因為周圍人異樣的眼光和質疑的態度而自暴自棄，就算身體殘疾也沒有徹底否認自己生存的能力，而是堅定愛好並不斷地給自己打氣。

很多時候，我們遇到困難就會責怪命運不公，總以為自己的能力有限，於是逃避退縮。其實只要再努力一點點，幸福就在觸手可及的地方，成功只需要多一點自信。自信與積極樂觀的態度猶如風帆，那是你乘風破浪的必需品；並且能使你披荊斬棘，直達彼岸。

一位哲人說：「你的心志就是你的主人。」**不要因為別人不信任的眼神而憂鬱遲疑，也不要因為別人質疑你的能力和理想而從此萎靡不振**。要知道，沒有自信與積極樂觀的態度，就如天空飄浮著的浮雲，遊移不定，沒有光彩。

如果這個世界上還有一個人有資格否認你的價值，這個人就是你自己。如果你真的向自己投降了，那麼也就將幸福拱手讓出了。我們應該時刻銘記自信者的格言：「我想我能夠的，現在不能夠，以後一定能夠的！」

PART 9

想要的越多失去的越多：貪婪是個無底洞，永遠都是欲壑難填

- 貪婪因為有所求，卻又求之不得
- 過於追求完美，會錯過身邊原本的美
- 能滿足一個人欲望的可以很多，也可以很少
- 貪慕虛榮，那是比貪財更可怕的事情
- 更多的選擇，帶來的是更多的痛苦和煩惱
- 克制自己的欲望，做人要懂得適可而止

貪婪因為有所求，卻又求之不得

人為什麼會變得貪婪？因為有所求，也是因為求之不得。羨慕別人有的，自己沒有，到手了又覺得不夠，所以才會一直追，不管身後的東西已經夠自己用上好久。而且，貪婪幾乎都會伴隨吝嗇，越是貪婪的人，越要把所有東西握在自己手裡，不與任何人分享。於是，他們對他人的困難表現出極端的冷漠，甚至會剝奪別人的生存機會。貪婪的人永遠學不會滿足，如果你告訴那些貪心不足的人：一個人越貪婪，越是什麼也得不到，索取越多反而會失去越多。他們肯定不會相信，索取越多不是更好嗎？怎麼會什麼都得不到？那麼，讓鼴鼠的故事告訴你，為什麼索取越多反而會失去越多的道理吧。

在動物界，鼴鼠可是一種勤快的動物。它們整天忙忙碌碌，不停地尋找食物，把吃不完的食物儲存到洞穴裡。據統計，鼴鼠一生要儲存二十多個「糧倉」，才足夠十幾隻鼴鼠畢生享用。然而，鼴鼠最後卻會被餓死。擁有眾多「糧倉」的鼴鼠怎麼可能餓死呢？真是難以想像。原來鼴鼠在晚年躲進自己的「糧倉」裡要享受時才發現，門牙會長到無法進食，必須啃咬硬物磨短兩顆門牙才行。可是，年輕時只顧著儲藏糧食了，沒想到糧食以外的任何東西，總認為有了糧食就萬事大吉，誰知道現在看著成堆的食物卻無法享用。

唉！鼴鼠只能長歎一聲，淒慘地餓死在成堆的糧食上。

鼴鼠的悲劇告訴我們，一味忙於索取，忘記維修保護索取的工具，最後得到許多也無法享受，甚至連命都會賠上。可見，像鼴鼠這樣的貪欲又有何好處？人一旦和鼴鼠一樣，陷入貪欲的陷阱裡，會看不見隱患，看不見潛在的危機，看不見自己要付出的代價，就會上演鼴鼠這樣索取越多，失去越多的悲劇。

欲望的溝壑是無窮的，永遠也填不滿，所以應該在源頭堵塞。不要總是想著要過多的東西，滿足需求就是剛剛好，所有過量的東西都會變成肩膀上的負擔，最後想扔也扔不了，耽誤你的行程。擁有與幸福並不成正比，並不是拿到的越多，就越滿足。有時候心被占得滿滿的，反倒失去了開始的輕鬆，覺得處處有負擔，一刻不能解脫。滿足欲望很重要，控制更重要，不然，生活就像洪水，使你無處安身。

大家是不是會經常看到這樣的場景：一個小孩在院子裡玩，手裡拿著一個蘋果，在媽媽買來的一籃蘋果中，這個看上去最大、最漂亮，小孩子捨不得馬上吃掉，會一刻不離地拿在手裡。

小孩正在得意，看到一個阿姨領著孩子經過院子，那個孩子的手裡也抱著一個蘋果，比他手裡的更紅、更大。這個孩子立刻覺得不開心，丟掉手裡的蘋果對媽媽說：「給我買一個更大、更紅的蘋果！」

媽媽說：「那要是你看到一個比那個還大的，該怎麼辦？再買一個嗎？」

生活中的許多不如意，都來自於和他人的比較。盲目地比較會造成嚴重的心理失衡。生活有時就像小孩子手中的紅蘋果，世界太大，你總能看到更大更紅的，如果一一去比較，累不累？何況，你怎麼確定那個更大更紅的蘋果一定是甜的？

人的貪欲是一件很可怕的事，貪欲就是消滅財富、消滅地位、消滅才華、消滅成功的地方。不論你曾經功勞多大、地位多高，不論你貪戀的是功名、錢財還是喜好等，一旦總想著索取反而會失去更多。

即便你身邊沒有危機、他人覬覦，但從心理學上來說，一個人越是拼命追求某樣東西，越是得不到這樣東西。越在意自己所追求的，心理越恐慌，反而會徒增壓力，給自己帶來意想不到的損失：很多選手在大賽上失去挑戰自己的機會，很多成績優秀的學生大考時表現失常，很多演員在晚會上不能顯示出自己的表演才華，都是因為太在意自己的成績，給自己造成了壓力。如果自己的能力和精力有限，如果對得到的東西不善於管理，那麼索取越多，浪費越多，最終還是會失去很多。

那麼，應該如何遏制這種過分的貪欲呢？首先要學會見好就收、適可而止。

「物極必反」在道家看來，任何事情都是過猶不及。事物總是相輔相成的。《老子》曾說：「持而盈之，不如其已；揣而銳之，不可長保。金玉滿堂，莫之能守；富貴而驕，自遺其咎。功遂身退，天之道也。」其意思是說：人若能認識天道自然法則，明白天賦人生的真諦，不迷本性，正視現實，就能優遊餘裕，知足常樂。如果迷於紅塵物欲，忘記了生命中原有的本性良善，貪求永無止境的個人滿足，那樣必定會遭受無盡的苦果。倒不如清心寡欲，安於現實，這才是最好的煩惱解脫。

既然貪權攬勢是致禍的緣由，既然「禍莫大於貪欲，福莫大於知足」，那麼，不該伸手就別伸手。

人要學會如何行事，更要懂得如何收手。不論從事什麼職業，學會適可而止可謂是一條亙古不變的真理，尤其是投資炒股更要見好就收。在股市上，許多不懂股票的新股民往往能夠賺到錢，被套牢的股民基本是過於在意自己的利益，總想再多賺一些的人。中國第一股民楊百萬曾經奉勸股民的至理名言就是：適可而止，見好就收。他說，雖然不進股市沒有發橫財的機會，但他進一步指出，進了股市但是你不懂，本來小康水準也會變成貧農。有的人進了股市後總是處於套住—賺錢—再套住—再賺錢的困境中。因此，楊百萬還特別提醒散戶股民，要見好就收，賺了錢就要跑，做到適當程度就停止。否則，散戶股民賺了錢沒跑等於是「紙上富貴」。

人一輩子不可能都在成功的巔峰耀眼奪目，那些在貪婪的路上瘋狂奔跑的人，與其有一天要在永無止境的索取中啜飲自己釀的苦酒，做人做事都要懂得適可而止，見好就收，享受生活的另一番滋味。

莫羨人有，莫笑人無。每個人都有自己的貧窮和富有，但總體來說，只要夠努力，現在的生活就適合自己，為什麼一定要盯著別人手裡拿著什麼？想要別人的東西，總要遇到兩個最實際的困難：一、你有能力拿到嗎？如果根本沒有能力，就一直眼紅下去？二、你拿到後發現不好怎麼辦？如果還能拿著以前的那個倒也不錯，可是有些時候有些東西不是一直屬於你，你放下，別人就會拿走，你回過頭想找，不好意思，沒有了，誰叫你貪心呢。

生活的智慧在於知足。貪圖那些生活以外的東西，即使筋疲力盡，還是沒追到最想要的。而知足的人，他們並非沒有追求，沒有理想，但在生活中，他們總會珍惜擁有的那些東西，並在其中感受到幸福，他們的幸福來自生活中，心靈自然一天比一天快樂。人生的樂與苦也遵循著某種平衡，你懂得調節自己，拿自己的擁有對比他人的缺失，自然就知道生活沒有薄待你，你的努力也不是沒有意義。如果一味拿自己缺少的去比別人擁有的，那你會發現是個人就比你好，因為每個人都有自己的財富。這樣比下去，你成了世界上最不幸的人，真是自討苦吃。所以，還是儘量去感受那些幸福的事，別總關注別人在做什麼，想一想，

你擁有什麼，你該如何對待自己的所有，這才是幸福的功課。

過於追求完美，會錯過身邊原本的美

每個人都在追求完美，甚至有人為了追求它而花費了自己一生的時間。我們知道，人們在追求完美的過程中可以不斷完善自己，充實自己，使自己變得越來越優秀，這是一種積極向上的表現。但是，如果我們過分追求完美，那就是一種病態了。此時的完美就是一個美麗的陷阱，誘使我們陷入泥潭，受盡折磨。

無論什麼事物，都有它的極限，如果我們抱著不能得到理想中的結果就不甘休，同時置事物本身於不顧的態度，那我們只會品嘗到苦澀的果實。要明白，這個世界上存在的東西都有一個限度，有時候，瑕疵和缺憾也是一種美。有的人認為，自身的完美主義體現的是一種對生活的認真態度，是一種積極、正確的行為。其實不然，過分追求完美會讓你失去生活的樂趣，因為你對完美的嚮往已經完全蒙蔽了你的雙眼，讓你看不到沿途的美景。過分追求完美會讓你很累，因為無論你怎麼努力都不能達到所謂完美的地步，你會否定自己所有的努力和汗水，抱怨命運的不公。

我在旅遊時遇到過一位六十多歲的老人，他沒有結過婚，過著到處旅行、流浪的生活。他每天都忙忙碌碌，每天都愁容滿面，似乎是還沒有找到想要的東西的緣故。

我當時問他在找什麼時，他說：「我在尋找一個最完美的女人，我要娶她為妻。」

我繼續問他：「找了那麼多年，去了那麼多地方，難道你就沒有見到過一個完美的女人嗎？」

「有的，我碰到過一個，那是僅有的一個，她真是一個完美的女人！」

「那你為什麼沒和她結婚呢？」

老人歎了一口氣，滿臉無奈地說：「可是，她也正在尋找一個完美的男人並同他結婚！」

這位老人之所以還是孑然一身，是追求完美惹的禍。老人因為堅持完美，因而錯過了很多原本可以擁有的美好東西。他不明白，完美是不存在的，生活更不可能有完美的結果。因為追求完美，人們便會對不完美的東西不屑一顧，這常常會使我們失去很多機會。所以，我們無論是做人還是做事，都要面對現實，從實際出發。**我們只有不苛求生活中的瑣碎小事，不一味地追求完美，才能擁有更輕鬆的生活**。可是，完美主義者偏偏給自己設定一個十全十美的目標，所有的事情都要求自己做到最好，一旦得不到預想的結果就會深深自責甚至沮喪消沉，繼而徹底懷疑和否定自己，完全被完美主義束縛住了。這樣的生活豈能輕鬆？豈能快樂？

很久以前，在乾旱的沙漠邊緣地區住著一位牧人，他的家裡非常貧窮。他很羨慕富人的生活，幻想著自己有錢的那一天。然而，現實總是殘酷的，他還是過著自己原來的生活。一天夜裡，牧人夢到一位天使對他說：「我是幸運之神，住在一百里外的石洞裡。你來拜訪我吧，不管你有什麼願望，我會滿足你的。」

牧人感到很興奮，決定前去一探究竟。第二天，他騎著駱駝出發了，走了兩天兩夜，水和食物都完了。就在他饑渴不堪的時候，他看見前方果然有一個發出七彩光芒的洞穴，走進洞穴裡，他見到了光芒四射的天使。天使把一個紅箱子送給他，說道：「這個寶物可以讓你改變一切。我教你一句咒語，只要你唸了它，再把心裡想要的東西告訴箱子，之後你打開箱子，你想要的東西就會出現在眼前。但有一個條件，它只可以使用一次！」牧人很感動，此時他又餓又渴，便問天使：「我現在最需要的是一頓飯。你可以滿足我嗎？」天使說：「可以！」接著天使又交給他另一個藍色箱子：「這是另一個寶物。我教你另一個咒語，只要你唸了它，再把心裡需要的東西告訴箱子，之後你打開箱子，你需要的東西就會出現在眼前。它也只可以使用一次！」天使說完後，就消失不見了。

牧人太興奮了，趕緊對著藍色箱子唸了咒語，要一些食物和淡水。打開箱子，他的願望果然實現了！次日，他帶著萬分高興的心情回去了。一路上他唸了咒語，把一件件願望告訴了那個紅箱子。牧人首先想到了牧場，於是他告訴紅箱子，他要一片牧場。有了牧場之後他覺得還需要一片果園，可是只有果園並不完美，所以他又要了一座花園，但是只有花園怎麼足夠呢？他還需要一幢宮殿，並要求房子的庭院裡有一個大水池。而水池底下也不能光禿禿的，要綴滿寶石，池裡有音樂噴泉，池上有鴛鴦、天鵝等等。另外他想到回到家後，再叫他的太太把她所想要的東西一一告訴寶箱。直到他覺得自己的人生擁有這些東西足夠完美之後才停下來。

一路上他非常高興，然而一天之後，他發現食物越來越少，淡水也快喝完了。他有點懊悔，抱怨道：「當時要求的食物和淡水太少了。」但他又想，「不要緊！再堅持一天，到了家打開紅箱子，那麼一切就都有了！」於是，他忍著饑餓和口渴，在沙漠裡緩緩地前進著。

第三天，他實在熬不下去，從駱駝身上倒了下來，手裡抱著的紅箱子也掉在地上。這時，牧人實在撐不住了，於是伸手把紅箱子的蓋子掀開。頃刻間，他的願望全部實現了。

只是，他要的花園太大了，房子在遠遠的另外一端，他要通過花園才能到家門口。他鼓足了勁拚命地向前奔跑，跳進了水池裡。跳下去之後，他才想起自己根本不會游泳，於是使勁掙扎，身體卻不聽使喚，一直往下沉。他要求的水池太大了，也太深了，他的腳根本搆不到池底。

就這樣他沉下去，最後，他看見了綴滿寶石的池底，還沒來得及高興，就溺死了。在溺死前，他還在拚命掙扎，腦海裡只有一句話：「誰來救救我啊！現在我想要的都已經出現在眼前，我的人生即將圓滿了，可是一切都完了！」

為了追求完美，這位牧人不停地要求，不停地索取，卻因此而丟了自己最寶貴的生命。

世界上沒有絕對完美的藝術品，也沒有絕對完美的人，更沒有絕對完美的生活。過於追求完美的人，常常會束縛自己，就像總想把夢幻中的美景帶到現實中的人一樣，經常會感到沮喪和失望。你應該靜下心來想一想，如果身邊的一切真的很完美，那麼為什麼還會有那麼多人叫喊「不公平」呢？

我們總是希望自己不犯錯誤，把任何一件事情都做得完美無瑕，因此一旦犯了錯誤，沒有把事做到完美，就會自責、抱怨，在精神和肉體上承受巨大的折磨。其實何必這樣呢？完美是不可能達到的，人只有懂得滿足才能享受到生活的樂趣。所以，無論做什麼事情，只要我們真正努力過就應該感到滿足，一味苛求完美是沒有意義的。

我們要學會為自己的努力成果喝彩，哪怕只是一點點，這樣才能有成就感，才是正確的選擇，我們用這種心態才能正確面對生活中的不如意。**換一種心態看待生活中的殘缺，或許我們就能看到一片輕鬆的天地。**

能滿足一個人的欲望可以很多，也可以很少

貪婪的人總是不明白一些簡單的道理。比如，一群賭徒在一起賭博，大家的錢加在一起肯定是一個固定值，有輸就會有贏，怎麼可能大家都贏錢。可是，我們一定都曾在電視上或親眼見到過賭徒在賭場中的情景，贏的人固然開懷大笑，輸的人亦是捶胸頓足，但是不管是輸是贏，總之是沒有誰願意輕易離開。因為贏的人想贏得更多，輸的人想翻回本錢。最後贏的人會輸個精光，輸的也只會輸得更慘。

李斯身為秦朝宰相可以說是聲名赫赫、無法無天，直到後來，他成了階下囚，在即將被處死的時候，他對他的小兒子說：「我跟你還能夠牽著咱們那條捲尾巴的黃狗，穿過上蔡縣城的東門，到山上去追獵野兔嗎？」這正是一個「持而盈之」者，對於平靜恬淡的生活重新渴望的真實寫照。然而，此時才想到返璞歸真，為時晚矣！

《阿房宮賦》是杜牧創作的一篇借古諷今的賦體散文。通過描寫阿房宮的興建及其毀滅，生動地總結了秦朝統治者驕奢亡國的歷史經驗。

作為中國第一個皇帝，秦始皇一統天下，讓萬民誠服。按理說，成為天下至高無上的皇帝後，他應該滿足了。但秦始皇的欲望偏偏沒有盡頭。他為了滿足自己的奢欲，在首都附近大興土木，製造阿房宮，修造驪山墓，所耗民力竟高達七十萬人以上。據記載，阿房宮的前殿東西寬達七百多米。殿門全是用磁石砌成的，目的是防止來人帶兵器行刺秦始皇。除此以外，秦始皇單在咸陽周圍就建造宮殿二百七十多座，在關外的行宮竟有四百多座，關內有三百多座。

修建這樣龐大的工程當然需要大量的人力、物力、財力。據估算，當時服兵役的人數遠遠超過兩百萬，占當時全國壯年男子人數的三分之一以上。龐大的工程開支加上軍費開支，造成了「男子力耕，不足糧餉，女子紡績，不足衣服，竭天下之資財以奉其政」的悲慘局面。民不聊生，百姓們過著「衣牛馬之衣，食犬彘之食」的痛苦生活。正是因為他和秦二世的窮奢極欲，導致秦國的萬世皇帝夢僅維持了短短十五年。

睿智的人懂得，功名利祿就好比過往雲煙，名譽和財利只是裝飾人們表面儀容的，善良與邪惡才是人們的真正面目，只有品德高尚、才學出眾的賢人，才能心念與行為相一致。如果世上的人總是沉溺於漂浮的名聲和空虛財利之中，談話辦事雖然循規蹈矩，但未必出於自己的真實心態，或者是為出名，或者是謀財利，或者是作為餌料釣取捕獵自己想獲取的東西。但那些為滿足人們的需求，為社會進步去流血、奮鬥，是人生不斷進取的本能和對善良的企盼，是通往幸福生活的階梯，是正常且合理的欲望，不但無可非議，而且是我們應該鼓勵和提倡的。但是，人對名譽和財利的種種欲念，其產生的根源相當久遠，開始於人類和精靈的祖先時代，發生在天地剛剛開闢的年月，由此滋生出所有過失和差錯的根苗，可以侵蝕一切善良的果實，因此，我們應當保持謹慎的態度，並對種種欲望有所限制。

人有追求是積極上進的表現，合理的欲望更是人性天然的一部分，雖然人的客觀需要也是有限度的，但欲望可以無限膨脹，當它超越生命個體的客觀限度，發展到無邊無際，也就違反了天然，恐怕只能落得迷惘和悲哀了。

總之，人的欲望不能過於強烈，對於一些不切實際的欲望我們應該學會克制自己。否則，任其氾濫就會鑄成大錯，就會使人淪為貪婪者，想擁有一切，想征服一切，結果往往是事與願違。

每個人都有欲望，即使是得道高僧，但並非每個人都認識它，瞭解它。人的欲望與現實之間存在著巨大的差距，往往永遠無法逾越。人在旅途，功名利祿只是一種身外之物，只要我們努力創造財富，真實地面對我們所擁有或將要擁有的一切，你會發現，**能滿足一個人的欲望可以很多，也可以很少，只是人的心境問題。**

貪慕虛榮，那是比貪財更可怕的事情

愛慕虛榮的人往往不是通過自己的努力，而是利用非正規途徑獲得名利。提到愛面子，許多人會想到那些虛榮心強的女人。可是，女人愛面子大多停留在物質層面，愛流行服裝、時尚飾品等，這些都與金錢有關。而且，在發展市場經濟時代，沒錢可謂是寸步難行。可是，愛面子的人常常打腫臉充胖子，做出許多超出自己能力範圍的事情。有些人明明需要錢，卻撕不下臉皮，不肯委屈自己的臉面去掙錢；或者為了人前風光而自己寧可人後默默吞咽苦果；或者為了面子而影響生活的品質和幸福，就像打燈籠一樣外明裡不明，吃苦受罪只有他自己知道。這種愛面子就太可怕了。

高才生老劉畢業於名牌大學，人到中年的他從某單位離職後找了很多單位，都覺得不太稱心，所以只能在一家民營小公司裡委屈地當一名普通職員，薪水也少得可憐。有一次，老劉偶遇大學同學，一陣寒暄後知道同學如今已是一家著名的大型民營公司的副總裁，無限嚮往。同學見狀對他說：「憑你的專業知識，到我們公司來肯定能大顯身手，我們正缺一位負責財務的主管，你一定能勝任。」這本是個難得的機會！可是，老劉轉念一想，在大學裡自己是何等驕傲光榮的優等生啊！如今卻要在一個以前不如自己的同學手下打工，受他的領導，那該多丟臉啊！思來想去，最終老劉還是放棄了這次難得的機會。

可是孩子在考上高中後，老劉為了讓兒子讀重點高中，不惜托關係轉校。但他沒想到，重點高中的各項花費自然不菲。老劉又不好意思張口向親戚們借錢，急得他都想到了賣血。老婆看到他走投無路的樣子，訓斥他說：「聽起來兒子上名校很風光，可是不想想你才賺幾個錢？還死要面子，明明需要錢還捨不得放下臉面！」於是，老劉又因為面子問題和老婆鬧翻了。並且老婆警告他說：「再這樣打腫臉充胖子，就離婚。」

人生在世，有許多事，身陷其中的時候是不能明白的，往往只有在事過境遷之後，才能參透其中的奧秘。俗話說：人要臉，樹要皮。要面子在一定程度上可以理解為要臉。**但要臉也應該把握好一個限度，很多內心敏感的人因為自尊心過強而演變成「死要面子活受罪」**。生活中，有些敏感之人為了愛面子竟然到了不顧自己實際承受能力的地步，這就有些過頭了。

想要被別人尊重，就要有被尊重的表現。最要面子的莫過於那些位高權重的人物，他們大多有著異於常人的成就欲，願意在眾人面前表現自己。持有強烈的成就欲望，這本是一件好事。然而當個人意識到自己所掌握的「資源」不足以使他完成自己設想的目標時，就會想以其他方式「彌補」自我「資源」的不足，從而產生各種各樣的虛假「面子行為」。為了得到世人的認可，為了保住自己的面子，甚至會利用自己的權勢做出傷天害理的事情來。那麼，這種愛面子就發人深省了。

唐朝著名詩人宋之問有個外甥叫劉希夷，此人很有才華，是個年輕有為的詩人。

一日，劉希夷題詩一首，名為《代悲白頭翁》，到宋之問家中請他指點。當劉希夷讀到「古人無複洛城東，今人還對落花風。年年歲歲花相似，歲歲年年人不同」時，宋之問情不自禁地連連稱好，忙問此詩可曾給他人看過，劉希夷告訴他剛剛寫完，還沒有給別人看過。宋之問覺得詩中「年年歲歲花相似，歲歲年年人不同」這兩句寫得非常好，足以憑這兩句而聲震文壇，名垂青史，便要求劉希夷把這兩句詩讓給他。劉希夷說那兩句話是他詩中的詩眼，如果去掉了，那整首詩就索然無味了，因此沒有答應舅舅的要求。

晚上，宋之問輾轉反側只唸這兩句詩。心中暗想，如果說此詩是自己所作，那麼，不但世人會敬佩他，皇上也會對他另眼相看，說不定還會成為千古絕唱，名揚天下。到那時，自己的臉面是何等風光啊！一定要想辦法據為己有。於是起了歹意，居然命家僕將親外甥劉希夷活活害死。

為了自己所謂的名望不惜殺害自己的親外甥，可見，因為愛慕虛名的愛面子心理是何等扭曲。這種扭曲的愛面子心理實在比愛金錢更可怕！如今是法制社會，當然像宋之問這種令人觸目驚心的現象畢竟是少數。可是，如果作為一個現代組織的領導人，過分愛面子，那麼，不僅不能帶來事業上的成就，相反，會把本來無限光明的事業引上一條不歸路。

希望得到別人的肯定和尊重，這本身是人之常情，也是很多成功人士不斷努力的一個重要原因。但是為了達到這樣的效果，如果盲目吹氣球，總有吹爆的一天。由此可見，愛面子實在比一個人單純愛金錢更可怕，特別是位高權重者。因為這種弱點危害的不僅是自己，還有團隊的發展。

當然，在社會中求生存，不能不講面子，但聰明人一定會講究方法，既能顯示自己的能力和身分，又不會招致他人的不滿，也不會讓他人有落井下石的可乘之機。這樣，愛面子才是最恰當的方式。因此，不論是普通百姓還是領導人，對於過分愛面子的弱點必須加以根除。

更多的選擇，帶來的是更多的痛苦和煩惱

一位哲學家說：當生活中有一種選擇的時候，我們的內心是平靜而快樂的，但是可供選擇的事物一旦多起來，生活便多了許多煩惱。這些煩惱主要源於人們在眾多選擇面前患得患失的敏感心理。關於此，國學大師季羨林說：「生活應該簡單些好，面對的選擇越多，就越讓人痛苦。所以，在做事情的時候，要追求單一的目標，這樣才能將精力放在當下，從容地前行。」他是在告訴我們，在生活中，無論做什麼事情，只有追求單一的目標，才能使自己更專注於當下，才能使自己少些選擇的痛苦和煩惱。

有這樣一則故事：

森林中生活著一群猴子，每天當太陽升起時，他們會從洞中爬起來外出覓食，當太陽落山時，他們又自覺回洞中休息，日子過得極為平靜和快樂。

一名旅客在遊玩的過程中，不小心將手錶丟在了森林中。有一隻名叫童童的猴子在外出覓食的過程中撿到了。聰明的童童很快就搞清楚了手錶的用途，於是，它自然地掌控了整個猴群的作息時間。不久後，它憑藉自己在猴群中的威信，成為猴王。

聰明的童童意識到是這手錶給自己帶來了機遇和好運後，每天就利用大部分時間在森林中尋找，希望

可以得到更多的手錶。功夫不負有心人，聰明的童童終於又找到了第二個手錶，乃至第三個。

但出乎童童意料的是，當得到三個手錶時，反而給它帶來了麻煩和痛苦，因為每個手錶顯示的時間不盡相同，童童根本不能確定哪塊手錶上顯示的時間是正確的。猴子們也發現，每次來問時間的時候，它總是支支吾吾回答不上來。一段時間後，童童在猴群中的威望大大下降，整個猴群的作息時間也變得一塌糊塗，大家憤怒地將童童推下了猴王的位置……

擁有一個手錶，可以明確地知道時間，而得到兩個甚至更多個手錶卻能使自己迷失時間，給自己帶來無盡的煩惱和痛苦。由此我們可以說，得到的越多，痛苦和煩惱就會越多。

《聖經》上說，上帝因一個簡單的心思，只是用簡單的泥土，造就了我們，而我們為何要去追求無謂的繁雜，終將自己置於痛苦之中呢？選擇越多越痛苦，而這些「更多的選擇」就是我們內心不斷追求的結果。為此，哲學家說：因為人的欲求不止，所以，生命是一個不斷作繭自縛的過程。同樣，行為心理學家也指出：與其說人的行為是受一定的原因支配，不如說它更受人生的一系列目標或目的支配。在達成目標的過程中，人總要面對各種各樣的選擇，不同的選擇，達到的目標結果也不盡相同，人生也有可能由選擇而發生變化。所以，為了使目標結果更為完美，在選擇的過程中，人們必然會仔細斟酌，細心掂量。為此，煩惱就產生了，混亂的生活狀態也就開始了。

我們要想從這種混亂、痛苦的狀態之中走出來，就要勇於捨棄，使生活歸於簡單。捨棄那些擾亂我們心智的「更多的選擇」，過一種簡單的生活。

有個詩人，為了追求心靈的滿足，他不斷從一個地方輾轉到另一個地方。他的一生都是在路上、在各種交通工具和旅館中度過。當然這並不是說他自己沒有能力為自己買一座房子，這只是他選擇的生存方式。

後來，由於他年老體衰，有關部門鑒於他為文化藝術所作的貢獻，給他免費提供一所住宅，但是他拒絕了。理由是他不願意讓自己的生活有太多「選擇」，他不願意為外在的房子、物質等耗費精力。就這樣，這位獨行的詩人在旅館和路途中度過了自己的一生。

詩人死後，朋友在為其整理遺物時發現，他一生的物質財富就是一個簡單的行囊，行囊裡是供寫作用的紙筆和簡單的衣物；而在精神方面，他給世人留下了十卷極為優美的詩歌和隨筆作品。

這位詩人正是勇於捨棄外在的物質享受，選擇了一種簡約的生活方式，最終才豐富了精神生活，為人類做出了巨大的貢獻。他的人生是一種去繁就簡的人生，沒有太多不必要的干擾，沒有太多欲望的壓力，是一種樂而純粹的人生。

我們要想過一種幸福而快樂的生活，就不能使自己背負太多的選擇，像季羨林老先生一樣，學會去繁化簡，將生活簡單化，這樣才不至於使自己在眾多選擇面前無所適從。

正如尼采所說：如果你是幸運的，你必須只選擇一個目標，或者選擇一種而不要貪多，這樣你會活得快樂些。正如一台電腦，在其系統中安裝的應用軟體越多，電腦運行的速度就越慢，並且在電腦運行的過程中，還會有大量垃圾檔案、錯誤資訊不斷產生，若不及時清理掉，不僅會影響電腦的運行速度，還會造成當機甚至整個系統癱瘓。所以，必須定期刪除多餘的軟體，及時清理掉那些無用的垃圾檔案，這樣才能保證電腦正常工作運行。

克制自己的欲望，做人要懂得適可而止

只要是人都有欲望，並時刻被欲望包圍，抱怨、痛苦、快樂、幸福……不過，這就是生活，酸甜苦辣鹹五味俱全，一樣也不缺。有位哲人說過：「人的欲望就像是一座火山，如不控制就會害人害己。」我們活著，最重要的就是克制自己的欲望，懂得適可而止、知足常樂。唯有這樣，我們的生活才會充滿快樂，我們才會感覺到幸福的滋味。

快樂是我們內心的一種感受，它就在我們身邊，我們每天都可以見到它。但是，在貪婪的人眼裡，快樂卻總是很遙遠，他們苦苦追尋快樂，卻一直沒有收穫，徒添了很多煩惱。

有一個國王得了重病，御醫對此束手無策。

王后問國王：「怎麼樣才能讓你恢復健康呢？」

國王回答說：「我是國王，享盡了人間的榮華富貴，但是我感到不快樂，我當國王還有什麼意義呢？」

王后說：「這該如何是好啊？」

「去尋找一個天底下最快樂的人，我想知道他快樂的原因。」國王答道。

之後，王后將國王的話傳達給了王子，讓他去尋找天下最快樂的人。

王子知道托比是天下最富有的人，應該是最快樂的，先去找他。來到托比的住處，王子說明了來意，誰知托比一臉愁容，無奈地說：「王子呀，我一天也沒有感到快樂啊！」

王子不解，問道：「你已經非常富有了，為什麼還不快樂呢？」

「我的目的是賺到天下所有的錢，這個目標還沒有實現，所以我不快樂。」

王子只好來到鄰國，面見了鄰國國王，並說明了來意。鄰國國王說：「我跟你父王一樣，整天忙於國事，根本就快樂不起來。」

王子告別了鄰國國王，繼續尋找。有一天，王子遇到了一位智者，他告訴王子說：「人間不存在快樂，只有苦難和憂傷。真正的快樂在天堂。」當然，王子沒有相信他的話。

接下來，王子又遇到了不同職業的人，但他們的答案都不能讓他滿意。直到有一天，王子遇到了一個乞丐。那天，王子正在樹下嘆氣，正好被這個乞丐看見了。

乞丐問：「年輕人，天氣這麼好，你還嘆什麼氣啊？」

王子見是乞丐，十分惱火，呵斥他說：「關你什麼事啊！」

乞丐沒有惱怒，反而笑了笑，說道：「前面有條小河，天氣這麼熱，不如我們去洗洗，去去暑意，甭提有多快樂了。」

「快樂？你連飯都吃不上，還會快樂？真是太可笑了。」

「即使吃不到飯，用野果充饑也不錯的。」

「那你晚上怎麼睡覺？」

「地為床，天為被，多麼寬敞啊！」

「那你身上有錢嗎？」

「錢財是身外之物，我一個乞丐要錢幹什麼？錢太多了容易被人算計，我才不想自找麻煩呢！」

王子又問：「那麼權力呢？」

乞丐哈哈一笑說：「權力算個什麼東西？靠權力過日子的哪個比我快樂呢？」

王子問：「你一無所有，到底憑什麼這麼快樂？」

「年輕人，我並不是一無所有，我擁有一切：太陽、月亮、春風、細雨、鮮花和無數食物。這些都值得我快樂。」

王子恍然大悟，拉著他立即奔回了王宮。

如果你感覺不到快樂，那麼你現在擁有的一切都不會讓你感到快樂。其實，這就是你快樂的理由，是要你珍惜眼前所擁有的一切。

人總是會有很多欲望，總是在不停地追求，認為得到了財富以後，自己就會變成一個快樂的人。得到以後才發現，自己原來並不快樂，於是財富成為沉重的枷鎖，將快樂擋在門外。快樂的方法就是打開枷鎖，讓自己變輕鬆。一個人有所追求，才會有成功的機會，追求可以成為一種快樂，欲望卻永遠只是生命沉重的負荷。

詹姆斯在成為富翁之前，是一個窮小子，他每天穿著舊衣服，吃著殘羹剩飯，非常羨慕街上那些坐馬車的富人。他常常幻想：「如果哪天我成為有錢人，那麼我就是一個快樂的人了。」

有一天，幸運真的降臨到詹姆斯的身上，他竟然撿到了一袋珠寶。最初，詹姆斯想獨吞這袋珠寶，但他轉念一想，還是決定將珠寶歸還給它的主人。於是，他在那裡等了兩天，終於見到了珠寶的主人。這個丟失珠寶的人對詹姆斯大為讚賞，也非常感動，當即決定贈送半袋珠寶給他。

誰知，詹姆斯卻拒絕接受珠寶，並說：「先生，我不想要這些珠寶，我想靠勞動成為一個真正的富翁。」珠寶的主人看著詹姆斯說：「我專門做珠寶買賣，既然你不要珠寶，那就跟著我做生意吧，不過這袋珠寶就算是你的本錢。」

後來，詹姆斯跟著珠寶商人做起了生意，慢慢賺了不少錢，成為一個富翁。為了賺到更多的錢，他兼併他人的店，幾年之內成了一個真正的珠寶大亨。他終於過上了上流社會的生活，經常參加沙龍和晚宴。在宴會上他跟客人談笑風生，可是客人一旦離去，就剩下他一個人，他變得一點兒也不快樂。他娶了一位女孩為妻，可是那位女孩是因為他的錢才嫁給他，這使他感到非常痛苦。他的珠寶店還被人打劫過，於是他生活得戰戰兢兢，每天都擔心自己的財富。

直到有一天，詹姆斯看見一個流浪漢，見他臉上時刻掛著陽光般的表情，便命人將他請進了辦公室，問他：「你生活這麼貧苦，為什麼還能這樣快樂？我如此富有，為什麼卻感受不到快樂呢？」

流浪漢對他說：「您看我一無所有，您卻背負著眾多的欲望，怎麼會快樂呢？」聽完流浪漢的話，詹姆斯茅塞頓開。從那天開始，他決定做一些有意義的事情，比如幫助流浪兒童和無家可歸的人，比如做一些公益活動。這麼做之後，詹姆斯又有了笑容，覺得自己此時是真正快樂的。

欲望是潛伏在人心裡的一種病毒。人的欲望沒有滿足的時候，如果自己的意志不堅定，就會讓欲望有機可乘，自己也最終會陷入無窮無盡的重負之中。不僅如此，欲望過重還會讓人更加難以獲得快樂。所以，**一個人要想過得快樂、輕鬆，就一定要少一些欲望，多一些淡泊。只有這樣人才不會為欲望所控制，不會被欲望侵蝕心靈。**

曾經有一個人每天都努力工作，就是無法取得別人那樣的成績，甚至連自己的小小願望都無法實現，為此他很苦惱。有一天，他去拜訪一位智者，跟智者抱怨生活不如意，並請智者指引一條道路。

智者沒有說話，給了他一個小籃子，讓他走一步就撿一塊石頭放進去。

那個人按照智者的話去做，沒一會兒，籃子裡裝滿了石頭，很重，所以那個人累得氣喘吁吁。智者此時才對他說：「現在你明白你感覺生活累的原因了嗎？那就是因為你的生活中有太多欲望，還充斥著一些無用的東西，這些加起來讓你難以承受。所以你感覺到生活很累。」

我們每個人來到這個世上時，都有一個小籃子，在成長的過程中，也都在撿石塊，撿了第一塊，就還想撿第二塊，越撿越多，結果欲壑難填，被欲望塞滿了內心，那麼就失去了快樂。要想多一些快樂，少一些抱怨，那就不妨少一點欲望，多一點淡泊，求得內心的平靜和安詳，才是明智的選擇。

PART 10

勇於嘗試才能邁向成功
戰勝懦弱，
站上自己的人生巔峰

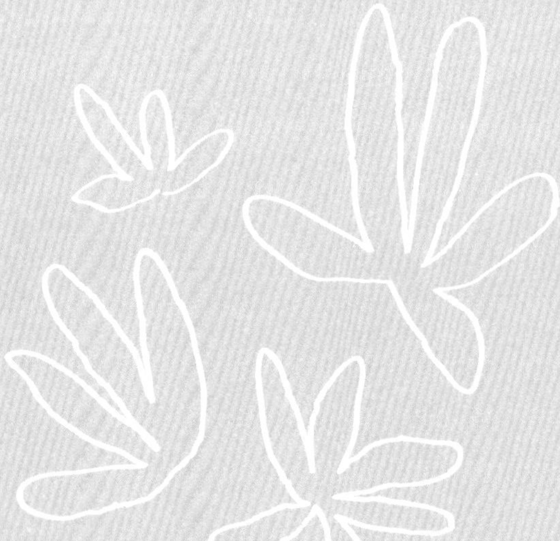

- 對外界的恐懼，讓懦弱有了合理的舒適區
- 被打倒不可怕，關鍵是你要站起來
- 怯懦的心理，最終將失去機會
- 勇氣，是打敗懦弱最好的方法
- 失去財產不可怕，失去勇氣一切都將結束
- 敢於想、敢於做，才會有機會成功
- 勇敢邁出第一步，夢想會離你近一步
- 迎難而上，鑄就屬於自己的輝煌

對外界的恐懼，讓懦弱有了合理的舒適區

內心怯懦者因為對外界心存恐懼，所以總喜歡躲在沒有壓力的舒適區裡生活，這種做法會讓人喪失證明自己的機會，也不利於其擺脫怯懦的個性。對此，要想改變對自我的看法，我們就必須去嘗試，勇敢地走出「舒適區」，在行動中漸漸讓自己變得強大起來。

我妹妹李娜今年二十四歲，剛大學畢業。在大學時，她一直覺得自己是個開朗大方的人，社交恐懼這輩子應該與她無關。可沒想到，畢業參加工作後，她就不敢再說這樣的「大話」了。

我妹妹被一家外資企業的企劃部錄用，工作沒幾個月，就得知公司要開年會，而且外方大老闆及七位董事都將飛到北京來參加年會。

我妹妹心情異常激動，因為「接近總裁」的機會終於要來了！可是，在興奮過後，她又不免覺得「心慌」，畢竟是自己第一次遇到這麼大的場合，過去在學校的那些「演講比賽」和「聯歡會主持人」的經歷，到了現在都沒有什麼參考價值了。

她急忙請教資深同事，問他們在年會上該如何裝扮。但不知怕「撞衫」還是別的什麼原因，沒有人肯透露自己準備在年會上穿什麼衣服。

那天到了會場，我妹妹一看，穿衣打扮最「老土」的就是她和另三位新人。整個會場大廳處處衣香鬢影，人人打扮得華貴時髦。這樣的場面使她們四個人頭昏腦脹。

在這種情況下，別說和外方董事打招呼了，就是待在大廳裡都全身不自在。她們只有躲在角落裡拼命灌飲料，不時去洗手間透透氣，以此來逃避「無所不在」的壓力。

突破心理舒適區，克服冒險的恐懼感，是逐漸讓我們強大和成熟起來的根本。其實對於我妹妹來說，只要事先將無用的「雜念」從頭腦中驅除，再勇敢地站出來，將自己最美好的一面呈現出來就可以了。

卡內基說：「在這個世界上，沒有什麼比不敢嘗試去積極行動更糟糕的事了。」的確，沒有變革，就沒有進步。試著跳出舒適區，勇敢地做一次冒險家，也許一次小小的改變，就能像星星之火一樣，很快發展成燎原之勢，甚至徹底逆轉你的整個人生。

法國著名作家大仲馬年輕時窮困潦倒，迫切需要一份工作。為了謀生，他浪跡巴黎，希望父親的朋友能夠幫忙為自己謀一份差事。

父親的朋友想知道他都擅長些什麼，便問他：「你精通數學嗎？」大仲馬立即搖了搖頭。

父親的朋友知道理科非他的強項，又換了個問題：「那麼你通曉歷史和地理嗎？」大仲馬又搖了搖頭。「那麼法律知識你總該懂些吧？」父親的朋友又問。大仲馬還是搖頭。

父親的朋友不死心，接連發問。大仲馬羞愧地說自己什麼都不會，一無所長，說完就窘迫地低下了頭。

父親的朋友見這位青年對自己的評價竟是毫無優點，也實在想不出什麼能幫助他的辦法，就讓他把住址寫下來，以便日後聯繫。

大仲馬寫完住址後轉身欲走，父親的朋友卻像發現新大陸一樣驚叫起來：「你的字寫得很漂亮啊！這就是你最大的優點啊！你不該隨便找一份糊口的工作。年輕人，你將來一定會有一番作為的。」

大仲馬大受鼓舞，開始嘗試寫小說。數年後，他終於寫出多部享譽全球的優秀作品，成為法國家喻戶曉的著名作家。

自卑的大仲馬認為自己沒有一點長處，最初的目標僅僅是找一份能夠糊口的工作，因為這樣他就能躲在心理舒適區裡安靜地生活，這種心理狀態和眾多自卑者是完全一致的：胸無大志、小富即安，找一份難度不大的工作，勉強維持生活就完全滿足了。假如大仲馬當初沒有在父親朋友的鼓勵下突破心理舒適區，那麼世上就少了一位才華橫溢的作家，多了一位被自卑折磨一生的失敗者。大仲馬最初嘗試寫作時，也必然承受過巨大壓力，但是他在跌跌撞撞中走出來了，闖開了一條全新的道路，成功了。

《阿甘正傳》裡有這樣一句經典臺詞：「人生就像一盒巧克力，你永遠也不知道下一個吃到的是什麼味道。」人生確實充滿了不確定性，只有勇於體驗，方能解其中味，也方能戰勝自卑帶來的恐懼感，成為真正的強者。

被打倒不可怕，關鍵是你要站起來

有個父親為他的孩子感到苦惱。原因就是他十五六歲的兒子竟然一點男子氣概都沒有。於是，父親去向拳師請教訓練兒子的方法。

拳師說：「讓你兒子在我這兒學習三個月，三個月以後，他就會成為真正的男人。不過，在這三個月期間你不能來看他。」父親同意了拳師的條件。

父親在三個月後來接孩子。拳師安排孩子和一個習武選手進行一場比賽，為的是讓父親看看這三個月的訓練效果。

讓人意想不到的是，對手剛出拳，孩子就倒下了。但孩子馬上爬起來繼續進行戰鬥，可還是被打倒了；孩子又一次站了起來……就這樣，反反複複總共十六次。

拳師這樣問父親：「你看你的孩子現在很有男子氣概了吧？」

父親說：「我真是沒臉見人了！想不到他訓練了三個月，還是這樣弱不經打，對方一出拳，他就被打倒，唉！」

拳師說：「非常遺憾，你只看到事情的表面現象。你有沒有看到你兒子勇敢和不放棄的精神嗎？什麼是男子氣概，這才是真正的男子氣概！」

的確，拳師的話富有深意。人生中，真正的勇士不是永遠不被打倒，因為誰也不是超人，遇到失敗是很正常的事。**真正的勇士，是被打倒之後總能夠爬起來。**

現實中，誰都無法避免被生活「打倒」。俗話說，人生不如意事十常八九，如果你總是喜歡向自己挑戰，那麼困難和挫折一定會經常發生，除非你安於現狀不求進取。

當遇到挫折後，我們是否應該消沉頹靡、一蹶不振？如果這樣，我們就會被生活徹底打倒，那樣，我們就成了弱者和懦夫。

有個小孩子溜冰很棒，有個人就向他請教怎樣才能學會溜冰，孩子是這樣回答的：「跌倒後爬起來就行了！」這個簡單的道理，連孩子都懂得，可是作為成年人，許多人卻失去了這種不屈不撓的精神。

不知道大家聽沒聽過「在生活的耳光中長大」這句話。一個人在成長的過程中，只要在前進，就不可避免會遇到挫折和創傷。只有當你受到創傷，你才能知道自己的缺憾和不足在哪裡，才知道從哪裡提高，才能夠取得進步。

而檢驗人品的最佳時機，就是看他身處逆境的時候會有怎樣的表現。

不敢正視失敗才是最可怕的。當然，一個人在剛受到某些打擊的時候，會很消沉。在那段時間裡，你可能覺得自己像個失敗的拳擊選手，被重重一拳擊倒在地上，頭昏眼花，滿耳都是觀眾的嘲笑和恥辱的感覺。那時，你渾身無力，可能會產生放棄的念頭，所以就不想再爬起來戰鬥了。但是等你恢復體力的時候，你會睜開雙眼，看見光明，所有的嘲笑和恥辱都會被你遺忘，爬起來，繼續戰鬥。

史泰龍是好萊塢功夫巨星，他的片酬高達三千萬美金，但誰也不會想到，年輕時候的史泰龍是在好萊塢跑龍套的，每天只有一美元的收入。為了生計，他找了個拳擊陪練的兼職，每次臉都被打得青一塊、紫一塊。後來，他立志要成為一名影視明星，於是四處毛遂自薦，在遭到一千八百五十次拒絕後，還是沒有放棄。最後，他終於在電影《洛基》中擔任了男一號。《洛基》是史泰龍自己編寫的劇本，該劇男一號的原型就是史泰龍。《洛基》上映後，他一炮走紅，並成為「自我超越、頑強拼搏、個人奮鬥」的美國精神的象徵。

這種屢敗屢戰的精神怎能不讓人欽佩？

在我們的生活中，大到事業的成功，小到男生追求心儀的女生，都需要這種不屈不撓、屢敗屢戰的精神。

有一次，IBM 總裁被問道：是什麼讓你走向成功？他是這樣回答的：「讓你失敗的次數加倍。」不管做什麼事情，想要成功，就必須付出大量的努力。就像銷售只不過是一個數字遊戲罷了，只要你行動的次數越多，你失敗的次數也就越多，然而失敗的次數越多，就可能有成功的機會。當你成功的概率不是百分之零，你就應該繼續行動，繼續接受失敗，每失敗一次，你成功的希望就多一分。

在足球場上想要成為最佳射手，就要增加射門次數，當然射不進的次數也會很多。所以你的成功率可能很低，但你的效率要比別人高。這就是數字遊戲的魅力。

因此，想取得成功，就一定要多行動，一定要不斷接受失敗，而且加倍你失敗的次數。曾名列世界首富的洛克菲勒說：**「你要成功，就要忍受一次次的失敗。」**正如作家克裡斯多夫・摩雷所說的：「大人物只是屢敗屢戰的小人物而已。」電影《赤壁》裡劉備有這樣一句對白：「我一生戎馬，這次輸得還不是最慘的。」是的，失敗沒有什麼了不起的，只要還活著，就還有勝利的希望。

美國滙聯公司的大廳裡，滙集了所有大區的經理。王文良是該公司的銷售總監，上臺講話。王文良當時問了這樣一個問題：「你們最多一天能去多少家飯館啊？」台下的人感到這樣的問題太可笑了。「兩家」、「三家」、「四家」……說什麼的都有。

「八十七家館子，這是我一天進館子的最高紀錄。」王文良此話一出又引來了哄堂大笑。笑聲之後，王文良接著說，「我去館子不是吃飯，而是去推銷我們的產品。」台下頓時沉寂了，「我曾經對自己發過誓，這輩子不再進餐館！因為我有過三十二次失敗的經歷。但我沒有放棄，於是，又開始了第三十三次努力，就在那第三十三次的時候，我成功了。什麼是成功？成功對於其他行業來說，就是持續努力。但對於我們銷售行業來說，則是在別人根本不願意傾聽時，你必須付出超出常人百倍的努力！」

由此而知：成功者沒有什麼秘密可言，他們也不一定是天資超人，而在很大程度上，他們成功只是因為他們比別人有更強的抗挫折能力。摔倒了，再爬起來，繼續向前，也許成功就是這麼簡單。

如果我們能讓自己每次聽到「不」字的時候，更加振奮，每次失利卻激起想要成功的強烈欲望，把每次拒絕或失敗看成一個潛在的機會，那麼我們就會發現那躲在失敗背後的成功。

怯懦的心理，最終將失去機會

不堅強的人懦弱，他們有著消極的想法，不敢面對困難和痛苦，經受不起大風大浪的考驗。生活中經常出現這種現象，很多人平日裡慨歎自己沒有機會，可是當機會真正降臨時，他們就會變得懦弱，臨陣脫逃。對於懦弱者來說，一切都是不可能的。正如薩迪所說的：「采珠人如果被鱷魚嚇住，怎能得到名貴的珍珠？」事實上，一個人如果總是被各種各樣的恐懼、憂慮包圍著，就看不到前面的路，更看不到前方的風景。懦弱的人只會白白浪費大好機會。正如法國著名文學家所說：「誰害怕受苦，誰就已經因為害怕而在受苦了。」懦夫怕不能成功，不敢嘗試，其實他早就已經失敗了。

古時候，波斯（今伊朗）有位賢明的國王，想挑選一名敢於突破的官員，擔當一種全新而又十分重要的職務。

國王把全國智勇雙全的官員召集起來，試試他們之中究竟誰能勝任。

國王把這些官員領到一座巨大無比的門前，面對這座有史以來最大的門，國王說：「愛卿們，你們都是既聰明又有力氣的人。現在，你們已經看到，這是我國最大最重的門，可惜一直沒有人能夠打開過。你們之中誰能打開這座大門，幫我解決這個久久沒能解決的難題？」不少官員遠遠張望了一下大門，只見大門厚重無比，於是連連搖頭。有幾位官員好奇地走近大門看了看，但是也因為害怕推不開門退了回去。另一些官員也紛紛表示，沒有辦法開門。這時，有一名官員卻走到大門下，先仔細觀察了一番，又用手四處探摸，用各種方法試探開門。幾經試探之後，他抓起一根沉重的鐵鍊，沒怎麼用力拉，大門竟然開了！這讓在場的所有官員都為之震驚。

國王對打開了大門的大臣說：「朝廷要職，就請你擔任吧！因為你沒有限於你所見到的和聽到的，在別人感到無能為力時你卻會想到仔細觀察，並有勇氣冒險試一試。」他又對眾官員說，「其實，對於任何貌似難以解決的問題，都需要開動腦筋仔細觀察，並大膽冒一下險，大膽地試一試。」

其實，生活中不乏成功的機會，就像故事中的大臣一樣，因為自身的懦弱，總是感到希望渺茫而不願意嘗試，從而錯失良機。怯懦的心理，讓我們不敢放開手去試一試，最終錯失機會，流於平庸。成功者與失敗者之間的分水嶺，有時並不在於他們之間有天地之間的差距，而在於一點小小的勇氣及當下把握住機會。當我們跨越自己懦弱的心理障礙，勇敢地邁出那一步時，我們會驚喜地發現，原來成功的門對我們從不上鎖。

人能夠戰勝懦弱，就會取得長足的進步。日本著名的保險推銷員原一平就是在機會面前勇敢地把握，才成為日本推銷界的神話。當他還是剛進保險公司的小職員時，有了一個念頭：三菱銀行一定融資或投資許多公司，銀行的總裁串田萬藏也是明治保險公司的董事長。若能得到他的介紹……天哪！他不敢再想下去。他興奮得心跳加快，鼓足了勇氣，決定立即展開行動。

他找到公司的業務最高主管，常務董事阿部，恭恭敬敬地說了他的偉大計畫，並要求他代為向串田取得介紹信。

阿部不動聲色地聽完他的計畫和請求，說：「你的計畫很好。如果計畫成功，我也很高興。不過，有些情況你不瞭解。當時，三菱公司投資明治保險公司時，講明絕不介紹保險。所以，我代你向串田董事長請求介紹信的話，明天我就可能被革職了。」阿部的懦弱讓他不敢為原一平請求介紹信。

但是原一平不想就此放棄，決定直接去見串田董事長。

第二天上午九點，他鼓足勇氣去見串田董事長，被帶進了董事長的會客室。

兩個小時後連個董事長的影子都沒見著，他在沙發上打起了瞌睡。突然，他覺得肩膀被人搖了兩三下，他立刻驚醒，眼前出現了照片上早已熟悉的串田董事長。

「你找我幹什麼？」董事長劈頭大聲問道。

原一平一下子慌了手腳，先前演練好的一套經典說辭早已忘得一乾二淨，他結結巴巴地說：「我……我是明治保險公司的原一平。」

「你有什麼事情嗎？」不等他說完，串田又來了一句。

「我想去訪問日清紡織公司的總經理宮島清次郎先生。想請董事長給我寫一封介紹信。」

「什麼，保險那玩意兒可行的嗎？」

每每遇到針鋒相對的激烈場面時，原一平暴烈的個性就立刻展現無遺，而且常給對手致命的反擊。他一聽董事長這句話，向前一大步，大罵道：「你這混帳東西！虧你還是我們的董事長，居然如此貶低保險。」

董事長愣住了，往後退了一步。

原一平憤憤地繼續說道：「你剛剛說保險這玩意兒，公司不是一再告訴我們推銷人壽保險是神聖的工作嗎？你這個老傢伙還是我們公司的董事長啊！我要立刻回公司去，向所有員工宣佈公司的宗旨是騙人的，連董事長都不相信推銷保險是神聖的。」說完，他怒氣衝衝地奪門而去。

讓人意想不到的是，事後董事長居然邀請原一平去他的住所。在住所裡，董事長熱誠地歡迎原一平到來，把雙手按在他的肩上，親切地與他交談。談話結束後，董事長提議去三越百貨公司，給他買了新西裝、新襯衫、新皮鞋。此後，凡原一平需要的客戶，董事長都介紹給他。受寵若驚的原一平認識到自身責任的重大，更加兢兢業業地工作，使他的個人業績連續十五年居日本全國第一。

原一平的成功和他的勇氣是密不可分的，如果他像他的主管一樣，就會錯失良機，也不可能成為日本保險界的神話，只可能是一個碌碌無為的小職員。事情看起來並不容易，甚至成功的可能性很小，但原一平拿出勇氣去做了，所以他成功了。

盡人皆知機會的重要性，可我們因為懦弱錯失了多少成功的機會呢。每當回顧往事的時候，都不免嘆息道：「想當年要不是因為我失去了某個機會，我今天已是運籌於帷幄之中，決勝於千里之外的人物！」的確，要不是我們當年失去了機會，我們今天就不會如此平凡。可是又有多少人真正反省過我們為什麼會失去機會？**不要因為自己的懦弱膽怯，不敢把握機會，這樣只會留下懊悔，只能與失敗為伍。**

機會面前人人平等，但是懦弱往往會讓我們失去機會，只有戰勝懦弱，樹立自信心，培養自己堅強的意志力，我們才能把握住機會，才有可能成功。

勇氣，是打敗懦弱最好的方法

缺乏勇氣是人的弱點之一，在我們的日常生活中，總是經歷種種痛苦與煩惱，其實只要我們仔細地分析一下，就會立刻發現，這些痛苦與煩惱的來源，大部分是戰勝不了自己的懦弱、膽怯心理，缺少勇氣。

當我們需要勇氣的時候，首先要戰勝懦弱，養成不服輸的性格。勇敢與懦弱這一對矛盾的名詞幾乎同時佔據著我們的生活。懦弱就會失敗，勇敢就會成功。世上沒有絕對完美理想的人，當然也很少有絕對不可救藥的人，每個人的性格中，或多或少存在著需要勇氣時卻懦弱的矛盾。這樣的矛盾，在我們遇到一件事情，需要我們採取行動的時候，就會擾亂我們的情緒，干擾我們做出的決定。當它們同時出現的時候。我們會怎樣決定，完全看這兩種矛盾的力量是哪一邊戰勝。如果是積極光明的一邊戰勝，我們就會走向成功；如果是消極黑暗的一邊戰勝，我們就會走向失敗。

常言道「狹路相逢，勇者勝」。在任何時候，有勇氣的人能夠戰勝一切困難，因為他們敢於嘗試和挑戰，從而獲得成功。人生沒有智慧不行，沒有勇氣也不行。誰也不敢說有智慧的人一定有勇氣；但缺少智慧的人，也沒有勇氣，或者其勇氣亦是一種冒失。愛因斯坦說：「勇氣是上天的羽翼，怯懦卻引人下地獄。」

有個死後來到天堂的人，天使為他回顧他的一生。當他看完他這一生的畫面時，發現每當他缺乏勇氣時，畫面就會定格或者中斷。這畫面包括：在他年輕的時候因為懦弱沒有向喜歡的女孩表白，最後這個女孩嫁給了別人；有一次因為自己的失誤，讓父親受到了苦難，他想向父親道歉，卻因為缺乏勇氣而直到父親離世也沒有說出口，這成為他心中永遠的痛……人生回顧完畢後，天使告訴他：「你的人生其實很完美，但只是缺乏了勇氣，因此給你的生活造成了很多遺憾。所以我決定讓你重返人間，等你學會勇氣後再回到天堂吧！」

可以改變一個人的是勇氣的力量，它會使人生大放光彩。因此我們在需要勇氣時，必須努力克服自己懦弱的弱點，勇敢做出決斷，不讓自己的人生留下任何遺憾。英國前首相溫斯頓·邱吉爾說過：「勇氣很有理由被當作人類德行之首，因為這種德行保證了所有其餘的德行。」有了勇氣就有了戰勝一切困難的力量，勇氣是想成為一個優秀的人的必備條件。如果沒有勇氣，就永遠只是個紙上談兵的空想家，就像蝸牛一樣很難爬出背上的家園。

秦末，正值天下大亂、諸侯混戰。這是個英雄輩出的年代，這是個戰役無數的年代。而在這些戰役中，讓人印象最為深刻、最為拍手稱道的非項羽的巨鹿之戰莫屬。

秦軍當時困趙王歇於巨鹿（今河北邢臺市中部），趙王請求楚懷王救援。但由於秦軍戰無不勝的威名，沒有一個人敢前去迎戰。就在楚懷王苦惱萬分之際，項羽挺身而出，願意出戰迎秦。楚懷王大喜，拜項羽為上將軍。

接下將令後，項羽命英布、蒲將軍率領兩萬人做先鋒，渡過漳水，斷秦軍糧道。隨後，項羽親率主力大軍渡河。而在渡河之際，項羽告訴將士每人只帶三天的糧食，隨後把做飯的鍋碗瓢盆統統砸毀，在渡河之後把船隻全部鑿沉，連營帳也全部燒掉，並對將士們說道：「咱們這次出戰，有進無退、有勝無敗。三天之內，定可將秦軍一舉殲滅。」

項羽破釜沉舟的勇氣極大地鼓舞了士氣。因此，在楚秦交兵之際，楚軍各個奮勇殺敵，以一抵百。經過九次激烈戰鬥，活捉了秦軍首領王離，其他的秦軍將士有被殺的，也有逃走的，圍困巨鹿的秦軍就這樣瓦解了。

勇氣會給人帶來意想不到的戰鬥力，可見項羽成就霸業的原因，其實就是比平常人多了點勇氣而已。多了點勇氣，人生便大不相同，成就了項羽的威名和霸業。如果當時項羽懦弱膽怯，不敢主動請纓，就不可能有以後的宏偉霸業；如果項羽沒有用破釜沉舟激勵起將士們的勇氣，就不會有巨鹿之戰的大獲全勝。所以可以說，勇氣是人生的發動機，勇氣能創造奇跡，勇氣能戰勝一切困難。試想，如果我們事事拿出破釜沉舟的勇氣和決心，那麼世間還有什麼困難而言？

我們每個人都知道自己該怎樣做，但少有人敢於去做，懦弱令我們失去了勇氣。戰勝自己的懦弱不是一件容易的事，它需要很大的勇氣與堅定的信念。想一想看，我們戰勝自己的懦弱次數多嗎？還是時常姑息縱容了自己？

當我們接受一個新的工作，適應新的環境，應對一個新局面的時候，難免擔憂自己做不好，這是一種向後牽引的力量，其實也是我們懦弱的心理在作祟。我們常會退縮地想：還是安於現狀吧！還是省事為好吧！還是不要冒險吧！於是，就在這種消極的決定中，不知多少可貴的機會流失了，最後只能抱憾終生。

懦弱使人痛苦，不敢嘗試，也常常後悔。要知道，我們有時痛苦困擾，猶豫不決，那是因為我們心情上有兩種相反的力量相持不下，一種是推動我們前進的嘗試精神，一種是阻礙我們前進的懦弱膽怯心理，它們相互較量，等待我們的抉擇。讓我們明智一點早做抉擇，**用勇氣戰勝怯懦，我們就會覺得生活豁然開朗起來，心情也會隨之變得好起來。**

我們在生活與工作中往往要面對很多機遇，做出許多選擇，抉擇需要的是信心和勇氣，決心是決定把握機遇成功的關鍵所在。但很多時候我們怯懦地站在原地，考慮所有的利弊，考慮了太多的「萬一」，讓機遇在我們猶豫不決之時與我們擦肩而過。其實生活本來沒有那麼複雜，只是因為我們的心理負擔太重，懦弱膽怯，以至於事情尚未發生，心情上的困擾早已跑到了事實前面。

俗話說「生於憂患，死於安樂」。當我們一天天習慣於坐在明亮、恒溫的辦公室，出差時享受星級酒店，出門時車接車送的生活方式的時候，也許未曾想到自己已在自己設置的障礙前裹足不前。我們應該去拓展一下自己，需要在「和平時期」有意識地把自己「置於死地」，用一種激烈的手段使自己迸發出勇氣，打破怯懦圍成的柵欄，突破自我，創造全新的生活，迎接更大的成功。

人生中不可能永遠一帆風順，其精彩之處在於它千變萬化的動態，而精彩的人生就在於勇於直面挑戰。**勇氣是打敗懦弱最好的方法，讓我們激發出自己的勇氣，不斷嘗試，突破自己的人生極限。**

失去財產不可怕，失去勇氣一切都將結束

生命在惡劣的環境中創造了一次又一次奇跡。夾在石縫中的野草，停留在懸崖上的松柏，被圍困在暴風雨中的海燕……它們沒有天生的神力，可是它們能創造出人們難以想像的奇跡，就是因為它們具有挑戰「不可能」目標的勇氣。

失敗只是人生的一小部分，人可以被毀滅，但不能被打敗。當一個人遭受挫折時，若缺乏迎接挑戰的勇氣，那他就會摔倒在失敗的道路上，並對生活無法再次擁有激情。因此，「勇氣」對於一個人來說就是生命的源泉，不可替代、也不可或缺。

從前有一個對自己命運不滿意的人，在夢中遇到了上帝，於是他對上帝說：「您給我一個最好的形象，我將永遠崇拜您。」

上帝仁慈地回答：「好，你準備做人吧，這是世界上最好的形象。」

這人問：「做人有風險嗎？」

「有，激烈的競爭、成敗、貧富以及鉤心鬥角、殘殺、誹謗、夭折、瘟疫……」

「那還是換另一個吧。」

「那就做動物吧！」

「做動物有風險嗎？」

「有，受鞭打，被宰殺……那些稀有動物甚至還經常被人獵殺，瀕臨滅絕。」

「上帝，我不要做動物，換一個吧。植物總可以吧。」

「植物也有風險，樹要遭砍伐，有毒的草被製成藥物，無毒的草人獸食之……」

「啊，恕我斗膽，看來只有您沒風險了，讓我留在您身邊吧？」

上帝哼了一聲：「我也有風險，人世間難免有冤情，我也難免被人責問，時時不安……」

「那……」就在這個人正在考慮做什麼才沒有風險時，上帝順手扯過一張鼠皮，包裹了他：「去吧，你做它正合適。」於是，這個人從夢中驚醒，發現自己居然變成了老鼠。

我們常常說，懦弱的人膽小如鼠，對於一個什麼都不敢去做的懦弱靈魂，這樣的比喻正合適。那些在生活中懦弱的人，往往就是膽小如鼠。他們無論做人還是做事都過於謹慎，常多慮，小心翼翼，猶豫不決，稍有挫折就退縮，因而影響自我開發目標的完成。因為他們處處躲避風險，不敢嘗試，他們的生活永遠也不會有勝利的曙光出現。

有個女孩子上中學時成績優秀，天資聰慧，但懦弱是她最大的弱點，膽小怕事，特別是人多的場合，更不敢向別人展示自己。因為這個不善交際的弱點，她從小到大失去了很多機會。

她上中學時，因為嗓音甜美，老師讓她去參加全縣的唱歌比賽。可是到了縣城她發現，不但台下站滿了觀看的人群，不時指指點點，而且高手如雲，一個比一個強！看到這些，她心想：這裡的人個個那麼厲害，可我，我……還是放棄吧！結果，反倒是其他學校嗓音比不上她的學生都獲了獎。

她的高考成績明明接近北師大的錄取分數線，但她不敢報考，害怕競爭，擔心自己錄取的可能性太低，又擔心不適應大城市的生活，最後，報考了省內的一所農校，自己的特長也無法發揮。工作後，雖然她在單位是屈指可數的高才生，可是因為膽怯，不敢表現自己，慢慢地，領導對她也不再器重了。

現在，她的那些同學，那些天資比不上她的，不是自己創業當上了老闆就是在單位出人頭地、風光無限了，只有她的生活還是原地踏步，事業更沒有什麼大的起色。

不戰勝懦弱，你就不能取得成功。生活中，但凡那些在事業上停滯不前，以至於一事無成的人，其中一個很重要的原因就是懦弱，不敢表現自己。面對任何事情，他們都習慣性地先採取守勢，活像個受到意外驚嚇的小刺蝟，有時機遇來了也遲疑不決，猶豫不定，缺乏主動性和積極性。對他們來說，推卸和逃避已經是一種習慣。正是那種習慣性退縮使他們失去了對別人和別人對他的關注，也讓他們失去了成功的機會。

懦弱讓人怯於承擔責任，一方面是他們先天自身存在著某些性格、氣質方面的缺陷所引起的；另一方面也是因為對現實的畏懼心理所致，對捉摸不定的未來的恐懼使人們不願輕易改變現狀。因此，儘管目前狀況苦不堪言，但未知的將來可能更加可怕，於是他們寧願忍受現在的痛苦而不去做什麼改變。

這種懦弱心理在求職中的表現就是特別渴望得到他人的承認和認可，希望得到面試方的肯定，然而，這種願望有多強烈，隨之而來的畏懼就有多深。他們會產生這樣的恐懼和擔心：如果我得不到這份工作，結果將會怎樣？如果不受歡迎怎麼辦？這些問題會變得越來越突出，並對求職者的行為產生影響，其思路也會因此發生微妙的變化。

懦弱的人在工作中，因為擔心自己不受歡迎，也就不會再依照自己的特長來展示自己，而選擇一味地追求得到承認和贏得贊許，費盡心思討他人歡喜，喪失自己的立場。結果，反而對自己的性格也產生了更嚴重的影響。最終，與近在眼前的成功機會擦肩而過。

不論個人還是組織，一旦因為恐懼和懦弱停滯不前，就會喪失競爭力，失敗在所難免。

瑞士手錶製造商於一九六七年，在其研究中心發明了電子石英表，然而小心謹慎的瑞士人拒絕了生產這種手錶的建議。他們擔心，沒人會要一塊沒有發條的手錶。因此，不敢投放市場。十年之後，這一決策卻使瑞士手錶的市場佔有率從百分之六十五下降到了不足百分之十。

日本公司卻迎難而上，勇於向市場發起挑戰，利用瑞士公司的發明，大規模生產、推廣了電子錶。當然，他們在電子錶行業也後來居上。人生需要規劃，更在於主動謀劃，人生需要我們不斷選擇嘗試。一個懦弱的人如果不積極創造條件，就意味著丟掉良機。

一位哲人曾說過：「你若失去財產，你只失去一點兒；你若失去榮譽，你就失去很多；你若失去勇敢，你就把一切都失去了。」人生本來就是變數，在通往成功的路途上更是荊棘叢生，如果膽怯懦弱，就無法邁動腳步。沒有膽量，即便機會來臨，你也會與之失之交臂，只能是失敗的代名詞。

你人格中最神聖、最寶貴的東西就是勇敢。**勇者無敵，勇者無懼，只有勇往直前生活才會更加精彩，機遇只垂青於那些富有進取意識和創造力的人。**那些生性懦弱的人，要想擺脫困境，就要學會有主見，有自己的想法和見地。樹立自信心，勇敢地去闖，去嘗試，努力嘗試才有成功的可能。

敢於想、敢於做，才會有機會成功

在個人前進的過程中，恐懼使我們畏懼不前，使夢想永遠無法實現；恐懼使我們困於現狀，淺嘗輒止，不敢冒險，安於目前平庸的生活；恐懼使我們沉默不語，與親愛的人漸行漸遠。

在哈佛大學流行這樣一句話：假如你選擇了天空，就不要渴望風和日麗。不可否認，恐懼是一個人獲得成功的最大障礙，一個在困難面前退縮不前、畏首畏尾的人是不敢渴望勝利和榮譽的。

巴頓說過：「每個人都害怕，越是聰明的人，越是害怕。勇敢的人是這樣一些人，他們不顧害怕，強迫自己堅持去做。」每個人遇到這樣的情況都會害怕，都想過選擇退縮來以策安全，但勇士與懦夫的區別就在於：懦夫選擇逃避，而勇士戰勝內心的恐懼，強迫自己面對恐懼。

佛蘭克林．羅斯福在他首任總統就職演說中說：「讓我首先表明我的堅定信念：我們唯一不得不害怕的東西就是害怕本身，一種莫名的、喪失理智的、毫無根據的恐懼，它會把以退為進所需要的種種努力化為泡影。

有一天，美國的一位七歲的女孩麗達為了接回她那受傷的弟弟，坐上了開往丹尼爾森城堡的「莫尼斯」號輪船。在輪船開出的前五分鐘，有人宣佈「莫尼斯」號輪船將和其他幾艘船一起沿著密西西比河而上，帶著一個兵團去增援密蘇里州格拉斯哥的穆里幹少尉。

夜裡十點半，輪船到達格拉斯哥。戰士們登陸後，留下部分軍人在船上做守衛工作。在登陸過程中，部隊遭到了南方聯盟軍的攻擊，被迫向河岸撤退。許多人犧牲了，更多的人受了重傷。

戰鬥讓船上的婦女心中充滿了恐懼，一些人當場昏厥。但麗達迅速勇敢地從跳板上衝進紛飛的戰火中。她用右臂挽著傷患，把傷患扶上擔架，然後送進船艙。儘管子彈十分密集，非常猛烈，船上別的人都叫她不要那樣做，她卻連續二十二次沖上岸去，每一次背回一個傷患。在船離開停泊的地方後，麗達幫助外科醫生，並教她身邊的婦女撕扯一切可以給傷患當繃帶用的布條。整整一夜，她沒有睡覺，一直在為傷患服務。

由於物資配送的路線被切斷，造成了供應短缺。麗達幾乎連最基本的生存需要都不能得到滿足，卻把自己僅有的一塊餅分給了別人。

第二天早上，戰鬥結束了，原來撤退並躲避到兩英里外的輪船返回去接收殘餘的屍體和傷患。那裡出現了這樣的場景：二十六個印第安軍團的戰士整齊地列隊站在岸邊，軍官們迎候在船頭，穆里幹少尉把這位勇敢的姑娘扶上一匹漂亮的白馬，戰士們為這位勇敢的戰鬥英雄熱烈歡呼。

這個叫麗達的小女孩不害怕死亡嗎？不，她同其他人一樣恐懼，但她的勇氣和責任感讓她克服了內心的恐懼，一次次地在槍林彈雨中救回傷患。

你若失去了勇敢，你就失去了一切。每個人在面對危險時都會恐懼，恐懼並不可恥，但是要想突破困境，首先要克服內心的恐懼，做一個直面恐懼、敢於冒險的人。

拿破崙發動一場戰役只需要兩周的準備時間，換成別人需要一年。這中間之所以會有這樣的差別，正是因為拿破崙那無與倫比的熱情與膽量。戰敗的奧地利人目瞪口呆之餘，也不得不稱讚這些跨越了阿爾卑斯山的對手：「他們不是人，是會飛行的動物。」

在第一次遠征義大利的行動中，拿破崙只用了十五天時間就打了六場勝仗，繳獲了二十一面軍旗，五十五門大炮，俘虜十五萬人。

在拿破崙這次輝煌的勝利之後，一位奧地利將領憤憤地說：「這個年輕的指揮官對戰爭藝術簡直一竅不通，用兵完全不合兵法，他什麼都做得出來。」但法國士兵也正是以這麼一種根本不知道失敗為何物的熱情跟隨著拿破崙從一個勝利走向另一個勝利。

我們敬佩拿破崙，但我們更應該讚賞拿破崙手下那些具有無比熱情的士兵，他們才是最偉大的人。無論在戰場上或是在現實生活中，只有直面困難，敢於冒險才能帶來勝利和收益。

在現實生活中，敢於冒險也是成就一番大事業的必備條件。**敢於想、敢於做，才會有機會成功。**人們總是不惜代價逃離這些恐懼來源，而多少次只是因為我們太過於恐懼，與機會擦肩而過。

有一次，有人問一個農夫是不是種了麥子。

農夫回答：「沒有，我擔心天不下雨。」

那個人又問：「那你種棉花了嗎？」

農夫說：「沒有，我擔心蟲子吃了棉花。」

於是，那個人又問：「那你種了什麼？」

農夫說：「什麼也沒種。我要確保安全。」

對於害怕危險的人來說，這個世界上總是存在著危險的。就像這個農夫，種麥子擔心不下雨，種棉花又害怕蟲害，到頭來覺得什麼事情都充滿了風險。這個農夫是愚蠢的，害怕風險，害怕損失，最後什麼也沒有種，自然也就沒有收穫，這才是最大的損失。

艾森豪說：「軟弱就會一事無成，我們必須擁有強大的實力。」無論在何時，我們都應該學會克服恐懼，**克服了恐懼就等於戰勝了自己最大的敵人，就距離超越自我、走向成功不遠了。**

勇敢邁出第一步，夢想會離你近一步

等待會讓人變得懶惰，躊躇會讓人變得膽怯，逃避會讓人變得懦弱。千里之行，始於足下。成功之路固然不會一帆風順，但只要你勇敢地邁出第一步，就已經成功一半。要讓自己成為一個實踐家而不是空想家，掌聲和鮮花永遠停留在終點上，只有邁出第一步並不斷激勵自己向前，我們才會到達成功的彼岸。

有人說，世界上最遙遠的距離是頭與腳。一個人把對未來的所有規劃統統存放在頭腦裡，卻始終不肯勇敢地邁出第一步，那麼這個人註定不會成功。只在岸邊比畫卻不肯下水的人，註定成不了游泳健將；只知道如何瞄準卻從來不開槍射擊的人，註定成不了神槍手；只會對別人的作品評頭論足，卻從來沒有拿起過畫筆的人，註定成不了優秀畫家。

雛鷹只有經歷過無數次墜落，才能展翅翱翔；幼馬只有經歷過無數次跌倒，才能馳騁萬里。一個人無論擁有怎樣的智慧、力量和優越的先天條件，必須敢於將自己的夢想付諸實踐，在風雨蹉跎中磨煉自己，最終才能成為一個了不起的人。

在行動成功學中，有這樣一個寓言故事：有一位智慧卓越的智者，他每天穿著破舊的衣服，坐在樹下乘涼。

很多年輕人都向智者請教如何能讓自己變成有錢人，唯有村裡最窮的一個人從來不向老智者請教。

智者說：「要想讓自己擁有財富，首先要擁有智慧，因為智慧能夠武裝人的頭腦。」大家紛紛點頭。

智者繼續說：「除了擁有智慧，還要擁有力量，足夠強壯的身體能夠克服許多困難。」大家又點點頭。

「擁有了力量之後，還要擁有勇氣……」

日復一日，年復一年，智者每天坐在樹下對別人侃侃而談。十年過去了，智者依舊衣衫襤褸，生活潦倒，而曾經那個窮人卻變成村裡首富。大家都覺得奇怪，他從來沒聽過智者傳授經驗，又是憑什麼把自己變成一個有錢人的呢？他擁有了智慧、力量、勇氣還是別的什麼呢？

那位曾經的窮人笑著說：「我也不知道自己擁有了什麼，反正我每天都去揀一些瓶瓶罐罐來賣，雖然辛苦錢卻越攢越多，後來又做了些小買賣，也就成了今天的樣子。」

這個故事告訴我們：很多時候，很多事情，並非我們做不好，而是我們根本沒有去做。或是因為恐懼，或是因為懈怠，始終沒有嘗試去做出一些努力，沒有邁出通往成功的第一步。行勝於言，任何一次不完美的嘗試，都勝過於完美無瑕的空想。只有持續不斷地努力實踐，才是成就自我的關鍵。

勇敢邁出第一步，即使是失敗，那也是成功的開始；勇敢邁出第一步，即使有失望，那也能汲取智慧；勇敢邁出第一步，即便前路渺茫，那至少也在向終點靠近；勇敢邁出第一步，即便要付出更多血汗，那也能讓自己永遠走在別人前面。

高樓萬丈平地起，無論人生有怎樣的目標，總要從第一步開始。守株待兔得不到幸運的垂青，只有敢於行動者才有資格享受豐厚的果實。鑄就一段精彩的人生旅程，重要的不是多麼完美的規劃設計，而是要我們腳踏實地，勇敢地走出來。

被譽為世界上最偉大的銷售員喬·吉拉德，每次和陌生人見面時，也不管對方是什麼地位和身分，總是第一時間遞上自己的名片。他每次去餐廳用餐完畢之後，總是在帳單下面放上兩張名片。甚至在現場觀看體育比賽，當所有人都熱烈歡呼時，他也會把不計其數的名片隨手扔出去。

他這樣做的目的就是讓更多人注意到他，認識到他。即使對方暫時沒有購買商品的意願，但知道了他的名字，也總有一天會找他的。

在他看來，驚人的銷售業績不是等來的，而在於做好每一個細節，在於通過一點一滴的行動努力。

成功沒有捷徑可言。不積跬步無以至千里，想要變得卓越，就要從行動開始，從每一個不起眼的細節開始，從每一段征程的起點開始，一步一步地去實現它。

收穫成功對每一個人來說都是最大的幸福，我們都有機會成為這樣幸福的人。只要別讓自己繼續等待，只要別站在原地一動不動，只要為了這份幸福去努力做點什麼，只要在行動以前再多一點勇敢，那麼實現夢想的那天就會距離我們越來越近。

世界著名潛能大師安東尼·羅賓說：「人生任何的偉業不在於能知，而在於能行。」獲得成功的條件不是你知道多少、想到了多少，而是你究竟為此做了什麼。無論你怎樣規劃自己的人生，總要勇敢地邁出第一步，總要讓自己行動起來。**當你真的開始向夢想進發時，那些對未知的恐懼就會逐漸消散，你才有機會去改變自己的人生。**

迎難而上，鑄就屬於自己的輝煌

自信並不是與生俱來的，而是在嘗試和體驗中獲得的，因此具有一定的冒險精神就顯得尤為重要。在成長的過程中，每個人都或多或少地有過些冒險的體驗：嬰幼兒時期，我們敢於冒險站起來學習走路；年紀稍大時，我們冒險學騎自行車或者嘗試其他運動；長大之後，我們冒險學習開汽車，甚至學跳傘……

在一次次冒險嘗試中，我們奠定了對自己的信心。從這個角度來說，冒險有助於我們增長自信。然而，有的人缺乏勇氣和冒險精神，一生只做有把握的事，由於過度謹慎和保守，錯失了很多大好機遇，非常遺憾。

其實，人生處處都有風險，成與敗本是一線之隔。敢於衝出那條分割線，我們就能找到人生的重大突破。反之，我們的人生就有可能永遠停滯不前。

比爾·蓋茲一手打造了自己的微軟帝國，在激烈的商業競爭中締造了屬於自己的傳奇。在總結自己成功的秘訣時，他首推的是冒險精神。比爾·蓋茨認為，任何偉大的事業都離不開冒險精神，如果一個機會沒有伴隨任何風險，那麼這樣的機會通常不值得耗費心思去嘗試和把握。他堅信有冒險的機會才能使事業更上一層樓，而挑戰風險也會使人生更加有趣味性。

比爾．蓋茲是一個天分極高、熱愛冒險、自信心很強的人。正是基於這種特質，他在電腦技術領域取得了無可匹敵的地位。

事實上，比爾．蓋茲從學生時代就開始培養自己的冒險精神。他在讀哈佛大學的第一年制定了一個學習策略，多數課程蹺課，臨近期末考試時再努力惡補知識，他想通過這種方式來測試如何花更少的學習時間拿到最高的分數。後來，他把這套策略運用到商業運作上，發展成用最少的時間和成本獲得最快最高的回報。

比爾．蓋茲致力於培養自信好鬥、敢於冒險的性格。長大以後，他成為令所有競爭對手都害怕的人物。因為他善於把握機遇，不懼風險，不服輸、不退縮，不達到目的不甘休，所以一個個對手敗給了他。比爾．蓋茲從來不安於現狀，即使多次蟬聯世界首富，依然野心勃勃地驅使自己繼續冒險。

在接受記者採訪時，他說：「我最害怕的是滿足，所以每一天我走進辦公室時都自問，我們是否仍然在辛勤工作？有人將要超越我們嗎？我們的產品真的是目前世界上最好的嗎？我們能不能再加點油，讓我們的產品變得更好呢？」

在生活中，比爾．蓋茲同樣是個愛冒險的人。他喜歡速度超快的遊艇和汽車。他通過這些刺激運動，來鍛煉自己冒險的性格，因為那風馳電掣的速度不僅能給他帶來快感，而且能激發他的無限潛能，使其不斷超越自我，完成一項項個人壯舉。比爾．蓋茲經常一個人驅車到荒涼的大漠旅行，一個人架著飛機飛越崇山峻嶺，一個人駕駛遊艇在茫茫大海上航行。他時時刻刻在磨煉自己，所以他總能在新的冒險中實現自我突破，成為商場上不敗的神話。

風險和收益在一定程度上是成正比的，只有敢於冒險才能獲得機遇的垂青。敢想敢做的精神會賦予一個人熱情、活力和信心，畏首畏尾什麼都不敢做的人，永遠不可能樹立自信心，事業也不可能有新的進展。我們生活在一個充滿風險的環境裡，想要百分之百地擺脫風險幾乎是不可能的，有時候不去冒險反而會給自己帶來更大的風險。

在激烈的市場競爭中，狹路相逢永遠是勇者勝。作為年輕人，不能過於保守和怯懦，而要該出手時就出手，果斷地抓住機遇，在嘗試中尋找信心，在冒險中尋找突破，迎難而上、砥礪風雨，鑄就屬於自己的輝煌。

富能量 051

你不該輸在情緒上：

好情緒讓你春風得意，壞情緒讓你懷才不遇

作　　者：李世強
責任編輯：梁淑玲
封面設計：楊啟巽
內頁設計：王氏研創藝術有限公司

出版總監：林麗文
副 總 編：梁淑玲、黃佳燕
主　　編：賴秉薇、蕭歆儀、高佩琳
行銷企畫：林彥伶、朱妍靜
印　　務：江域平、李孟儒

社　　長：郭重興
發行人兼出版總監：曾大福
出　　版：幸福文化／遠足文化事業股份有限公司
地　　址：231 新北市新店區民權路 108-1 號 8 樓
網　　址：https://www.facebook.com/happinessbookrep/
電　　話：（02）2218-1417
傳　　真：（02）2218-8057

發　　行：遠足文化事業股份有限公司
地　　址：231 新北市新店區民權路 108-2 號 9 樓
電　　話：（02）2218-1417
傳　　真：（02）2218-1142
電　　郵：service@bookrep.com.tw
郵撥帳號：19504465
客服電話：0800-221-029
網　　址：www.bookrep.com.tw

法律顧問：華洋法律事務所　蘇文生律師
印　　刷：通南印刷有限公司
初版一刷：2022 年 10 月
定　　價：380 元

國家圖書館出版品預行編目 (CIP) 資料

你不該輸在情緒上 : 好情緒讓你春風得意 , 壞情緒讓你懷才不遇 / 李世強著 . -- 初版 . -- 新北市 : 幸福文化出版社出版 : 遠足文化事業股份有限公司發行 , 2022.10
面；　公分 . --（富能量 ; 51）
ISBN 978-626-7184-35-6(平裝)
1.CST: 情緒管理 2.CST: 生活指導
176.5　　111014176